SENDAS ANTIGUAS Y SUS ADVERTENCIAS

by Shelly Aysen

SENDAS ANTIGUAS Y SUS ADVERTENCIAS

Autor:
Shelly Aysen Lopez

Publicado por:
Shelly Aysen Lopez

Derechos de autor © 2018 por Shelly Aysen Lopez

Todos los derechos reservados. Ningún fragmento de esta publicación puede ser reproducido, almacenado en un sistema de recuperación o transmitido de ninguna manera por ningún medio, electrónico, mecánico, fotocopia, grabación o de otra manera sin el permiso previo del autor, excepto lo dispuesto por las leyes de propiedad intelectual de los EE. UU.

Información de Contacto: shelly555lopez@gmail.com
Website www.shadowsoftheheavens.com

RECONOCIMIENTOS:

Quisiera agradecer la colaboración y el apoyo de mis amigos más cercanos y mi amada familia que hicieron posible la preparación de este libro:

Mi amiga Ipek por ayudarme en las grabaciones de cada capítulo.

Mi hijo John Inan, quien me ayudó a escribir el libro en inglés.

Edición en Inglés: Dra. Panchita Wilson Traducción

de Inglés a Español: María Elena Hernández.

A mi amado esposo Ángel López, por la edición en español.

Diseño gráfico: Martin Casado de Nitram Communictions.

Imprenta: Deborah Fleming de AMP It Up, Inc.

"TODOS LOS NOMBRES DE LAS PERSONAS EN EL LIBRO HAN SIDO CAMBIADOS ; NO SON SUS NOMBRES REALES"

2005
- Siete iglesias en Apocalipsis. Turquía
- RÍO ÉUFRATES - Turquía (Ezequiel 38 - 39 Advertencias)

2008
- Ámsterdam, Holanda (Red Street)
- ANKARA - Turquía (Papa Benedicto) Noviembre 28

2007
- París* (Puertas)

2009
- Estambul, Turquía (Siete colinas-encender las velas) Noviembre 10

LÍNEAS LEY, PORTALES Y PUERTAS

2012
- México, Península de Yucatán - Abril 21
- Estambul, Turquía - basílica de Yerebatán - Junio 6
- Monte Nemrud, Turquía, Agosto 29

2013
- Estambul, Turquía - (Avivamiento) - Mayo 29
- Israel, Jerusalén - Octubre 29

2014
- Sinope, Turquía (Puerta Norte) Abril 14
- Agri, Ararát, Turquía - Junio 1
- Roma-Vaticano - Noviembre 9
- Ankara, Turquía - Noviembre 28
- Venecia + Florencia y Roma (por tren-triángulo) - Diciembre 13

2015
- Escocia (Skye, Lewis y San Kilda) Agosto 12
- Adana - Karatas, Turquía - Agosto 27

2016
- Delfos, Grecia - Mayo 19
- Filadelfia, Turquía - Mayo 29
- Troya-, Turquía - Junio 2

2017
- Skelling Michael (Roca de San Miguel), Irlanda-Julio 10
- Isla Iona, Escocia-Julio 17

SENDAS ANTIGUAS Y SUS ADVERTENCIAS

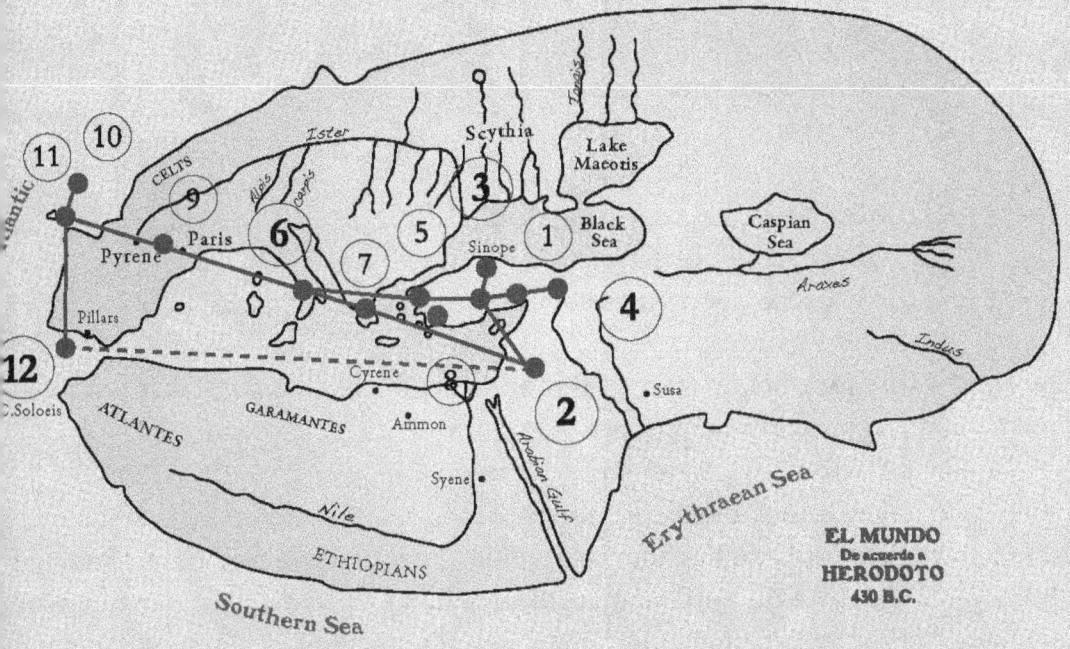

1. Nemrud Montaña-Turquía
2. Jerusalén-Israel
3. Sinope, Turquía
4. Ararát Montaña- Turquia
5. Ankara, Turquia
6. Roma-Italia
7. Delfos, Atenas-Grecia
8. Filadelfia Iglesia- Turquia
9. Paris-Francia
10. San Kilda- Escocia
11. Skelling Michael (Roca de San Miguel)-Irlanda
12. Gibraltar- España

Tabla de Contenidos

Prefacio 7
Declaración de fé 12
1. Invitación. 14
2. Todas las cosas Nuevas 18
3. Dándole a Dios. 22
4. Difícil escoger obedecer 24
5. Los deseos del corazón del Padre 27
6. El río Éufrates 29
7. El amor hecho fuera el temor 41
8. Declaración en unidad en la capital 43
9. Estambul. Trompeta de advertencia. 50
10. Menorah sobre siete colinas 58
11. Península de Yucatán - líneas "ley" y advertencias 61
12. Cisterna de Yerebatán e Infierno 69
13. Monte Nemrod 73
14. En el salón del trono 81
15. Preparativos para la Puerta Sur 83
16. Prepara el camino 87
17. Sinope - Advertencia al Norte 97
18. Ararát - Advertencia al Este 101
19. Roma - Advertencia al Oeste 104
20. Escocia Recuperando portales invadidos 108
21. Puertas de sabiduría 127
22. Delfos - Sellando la puerta del oráculo ... 134
23. Filadelfia - Puerta de la sabiduría divina 141
24. Troya - Conquistando la unción 144
25. Estambul - 2017 "Arrepentimiento" 146
26. Skellig Michael (Roca de San Miguel) e Isla Iona. 151

PREFACIO

Luego de mi despertar inicial en el 2004, durante el año 2012, Dios creador (YHVH) despertó mi espíritu y comenzó a enseñarme y a mostrarme acerca de los portales y las líneas "ley" conectadas a la tierra. Luego de eso, pronto comenzó a hacerme viajar en asignaciones proféticas a diferentes lugares en diferentes países. Aunque para ese momento, yo tenía solo un conocimiento básico del propósito de dichas asignaciones, escogí obedecer y seguir sus instrucciones. Entonces comencé a ver sus manifestaciones.

La naturaleza de mis asignaciones no tradicionales, desconocido aún entre algunos creyentes, demanda claridad en el objetivo de este libro. Mucho de lo que usted leerá concerniente a Sendas Antiguas, líneas ley y portales en el mundo espiritual, puede sonar como nueva era u otras prácticas actuales.

Sin embargo, lo que Dios logra en mis asignaciones no tiene nada en común con las prácticas de nueva era y del ocultismo en general.

Las prácticas de ocultismo en la nueva era y de algunas otras entidades similares son una falsificación de la verdad divina del conocimiento de la creación original de Dios. El lector debe aplicar sabiduría para discernir lo que es de Dios, basado en Su entendimiento revelado.

YHVH hizo todas las cosas perfectas y colocó todo en orden de acuerdo a su voluntad. Con el sonido de su voz, Dios envió Su "palabra" con Sus frecuencias perfectas, vibraciones y radiaciones. Cuando Dios dijo hágase la luz de los mares de energía magnética, vino la luz.

Dios creó todo de tal manera que todas las cosas dentro del universo, incluyendo la tierra, están Supernaturalmente conectadas. Igualmente ambos, la tierra y los seres humanos, están Súpernaturalmente conectados. Todo está conectado en su creación y se afecta el uno al otro.

Estas líneas de energía y sus conexiones forman un patrón consistente de frecuencias, todo en armonía con fantástica precisión. Las líneas de energía se cruzan entre sí en intersecciones, y los puntos donde ellas se interceptan son portales los cuales tienen los niveles más altos de energía magnética.

La perfección de la creación de YHVH incluyendo su luz de pura energía fue creada para el bien de todas las criaturas vivientes. Sin embargo, desde los tiempos antiguos trabajadores ocultos de las tinieblas han podido localizar estos portales de alta energía en la tierra. Para penetrar en ellos y contener la energía y el poder dentro de estos portales para sus propios usos impíos, construyendo monumentos sobre estos lugares.

A través del uso de condensadores de agua, cristales y otras piedras dentro y debajo de estos monumentos y otras estructuras, han abierto y han viaja- do a través de portales desde y hacia toda la tierra.

YHVH mismo me mostró en visiones que en años recientes ha habido una reactivación espiritual de los portales antiguos de energía y de las líneas "ley".

Desde el 2012 muchas de las asignaciones a las cuales Dios me envió con su autoridad fueron para efectuar actos Proféticos y soltar decretos para cerrar estos portales impíos. Una vez cerrados, desatamos Su gloria, Su luz y Su vida en cada lugar.

Dios me recordó Su palabra, la cual establece: "Mi pueblo perece por falta de conocimiento".

Algunas personas desinformadas pudieran decir que hablando acerca de estas cosas solo glorificamos al mal, y que solamente deberíamos enfocarnos en nuestra salvación.

Aún la escritura nos dice que no seamos ignorantes de las estrategias de nuestros enemigos de manera que podamos vencerlos (2 Corintios 2:11). Solo entonces podremos discernir qué es real y qué es falso, y pelear la buena batalla de la fe.

Mientras nos mantenemos enfocados en YHVH, también necesitamos recibir Su sabiduría, entendimiento, conocimiento y revelación.

Todo esto está disponible para nosotros en Su presencia en el salón del trono, en los cielos, donde él también nos mostrará todo lo que debemos enfrentar.

"Respondió entonces Jesús, y les dijo: *De cierto, de cierto os digo: No puede el Hijo hacer nada por sí mismo, sino lo que ve hacer al Padre; porque todo lo que el Padre hace, también lo hace el Hijo igualmente.*" (Juan 5:19)

Yo amo y respeto a todo el mundo que YHVH creó, pero debo dejar esto claro: hay un solo verdadero Dios, el Dios del universo y del cielo, y hay un solo camino para conocerlo, hablar con él, tener su autoridad para hacer cosas buenas y tener su bendición. Esa única puerta, es a través de la sangre de Jesucristo de Nazaret, su único hijo engendrado (nacido de El), A través de quien el padre se manifestó aquí en la tierra.

Dado a que trabajadores de lo oculto hacen sacrificios de sangre a su dios en violación a la ley del nuevo pacto de YHVH, yo le pregunté a Dios ¿por qué la sangre de nuestro Señor Jesucristo tuvo que ser derramada como una ofrenda final del pecado? Ese mismo día Dios me reveló lo siguiente:

1. "La vida está en la sangre. La sangre contiene vida y nunca muere. Por millones de años, la sangre retiene toda la data y códigos con la información Personal de cada individuo.

2. Para los humanos poder ser redimidos y reconciliados con Dios, necesitamos la sangre perfecta del primogénito como nuestro sacrificio por el pecado. Habiendo venido directamente del Dios padre, la sangre de Jesús contiene el código perfecto y el ADN de YHVH. Su ADN contiene la frecuencia perfecta y la luz creativa y hace disponible la vida para todo aquel que la recibe. Por tanto, en lugar de cubrir nuestros pecados con la sangre de animales usada bajo el antiguo sacerdocio levítico, la sangre del Señor Jesús cubre a los creyentes como un manto de manera tal que nos capacita para entrar en el lugar santísimo y pararnos delante de la santa presencia de nuestro Dios creador y sumergirnos en su amor y en sus siete espíritus.

Cualquier otra cosa llamada buena que se esté haciendo a través de cualquier otro recurso que no sea nuestro Señor Jesucristo es falso y es rebelión contra YHVH.

Cuando tratan de usar energías para ganar poder para sí mismos y cambiar la creación y la atmósfera alrededor de ellos sin la autoridad de Dios; esto es manipulación de Su balance divino, lo cual conduce a corrupción de lo que inicialmente fue predeterminado para nuestro bien.

Proviene de Dios pero fuera de Su consentimiento.

Desafortunadamente, hay gente usando energía proveniente de discos solares, del sol y de portales, fluyendo a través de las líneas "ley", para recibir luz, poder y resplandor. Luego de recibir la energía y la luz proveniente de estas fuentes, ellos intentan usarlas como su energía de poder y también usarla para incrementar la frecuencia alrededor de ellos en la tierra por medio de la liberación de dicha energía.

Deuteronomio 4:19.

"No sea que alces tus ojos al cielo, y viendo el sol y la luna y las estrellas,

y todo el ejército del cielo, seas impulsado, y te inclines a ellos y les sirvas; porque Jehová tu Dios los ha concedido a todos los pueblos debajo de todos los cielos."

Dios me reveló lo siguiente: entretanto la luz viene directamente de Dios es LUZ CREATIVA.

Sin embargo, el sol la luna y las estrellas incluyendo las constelaciones fueron todas creadas por Dios, ellos solamente tienen LUZ CREADA como su fuente de poder.

De más está decir que la luz creativa solamente existe en la presencia de Dios, en su salón del trono celestial. Por tanto, solo el pueblo de Dios puede tener acceso a su luz creativa.

Ezequiel 32:7

"Y cuando te haya extinguido, cubriré los cielos, y haré entenebrecer sus estrellas; el sol cubriré con nublado, y la luna no hará resplandecer su luz."

Al final, vendrá el tiempo en el que Dios apague su luz luces creadas, solo su Luz de gloria creativa (gloria SHEKINAH) permanecerá brillando.

"Porque se levantarán falsos cristos, y falsos profetas, y harán grandes señales y prodigios, de tal manera que engañarán, si fuere posible, aun a los escogidos." (Mateo24:24)

Por tanto el hijo de Dios tiene que ser despertado y siempre estar alerta y buscar su sabiduría y su conocimiento divinos, especialmente cuando estamos en un tiempo como éste.

Algo más que YHVH me mostró es que el miedo tiene que desaparecer. El arma más fuerte usada por el lado oscuro en contra de los creyentes es el miedo paralizador, especialmente miedo a lo desconocido. Debemos ser totalmente liberados de él. Los medicamentos no pueden liberar a nadie del miedo ni pueden ni podemos nosotros mismos liberarnos a nosotros mismos del miedo. Solo Dios puede lograr eficientemente y permanentemente dicha tarea, y El solo puede hacerlo cuando nosotros estamos en su presencia en el salón del trono. Ay amor y paz en su presencia porque YHVH es amor.

"En el amor no hay temor, sino que el perfecto amor echa fuera el temor; porque el temor lleva en sí castigo. De donde el que teme, no ha sido perfeccionado en el amor." (1 Juan 4:18)

EL PERFECTO AMOR ECHA FUERA EL TEMOR

"Pues no habéis recibido el espíritu de esclavitud para estar otra vez en temor, sino que habéis recibido el espíritu de adopción, por el cual clamamos: ¡Abba, Padre! (Romanos 8:15)

Mensajes de los últimos tiempos para el pueblo de Dios (Efesios 6:10-18):

"Por lo demás, hermanos míos, fortaleceos en el Señor, y en el poder de su fuerza. Vestíos de toda la armadura de Dios, para que podáis estar firmes contra las asechanzas del diablo. Porque no tenemos lucha contra sangre y carne, sino contra principados, contra potestades, contra los gobernadores de las tinieblas de este siglo, contra huestes espirituales de maldad en las regiones celestes. Por tanto, tomad toda la armadura de Dios, para que podáis resistir en el día malo, y habiendo acabado todo, estar firmes. Estad, pues, firmes, ceñidos vuestros lomos con la verdad, y vestidos con la coraza de justicia, y calzados los pies con el apresto del evangelio de la paz. Sobre todo, tomad el escudo de la fe, con que podáis apagar todos los dardos de fuego del maligno. Y tomad el yelmo de la salvación, y la espada del Espíritu, que es la palabra de Dios; orando en todo tiempo con toda oración y súplica en el Espíritu, y velando en ello con toda persever- ancia y súplica por todos los santos;"

Oro para que cada persona sobre la tierra, mientras viva, encuentre al único y verdadero Dios y escoja recibir la única fuente del verdadero amor incondicional que proviene de El: la fuente del primer amor de nuestro Señor Jesucristo en YHVH. Este es el deseo en lo más profundo de todo nuestro ser. A sabiendas o sin saberlo, durante toda nuestra vida, todos hemos esta- do buscando para encontrar el amor perfecto, el cual solo viene al recibir a Cristo, quien es el único que brinda ese tipo de amor a nuestros corazones.

Muchos de nosotros hemos ido de aquí para allá una y otra vez, dando vueltas en círculos pero sin poder encontrar ese tipo de amor incondicional.

Por tanto yo oro para que eleven sus puertas personales, portales y algunos chacras conocidos al cielo. Y entonces pidan recibir la luz de la gloria creativa de Dios y la energía que trae sanidad, liberación, restauración y Su reino a sus vidas y alrededor de ustedes. Para cambiar la radiación, la vibración y la atmósfera alrededor de ustedes con la autoridad que él te da en su presencia.

Sé un portal de YHVH y su reflejo en la tierra así como fue perfectamente diseñado por El en los cielos.

Muchas bendiciones.

Shelly Aysen.

DECLARACIÓN DE FE

Nosotros creemos que el viejo testamento y el nuevo testamento no pueden ser separados. El nuevo testamento es el cumplimiento del viejo testamento y es cumplido y sellado como dicen las últimas palabras del nuevo pacto:

Apocalipsis 22: 18-21

"Yo testifico a todo aquel que oye las palabras de la profecía de este libro: Si alguno añadiere a estas cosas, Dios traerá sobre él las plagas que están escritas en este libro. Y si alguno quitare de las palabras del libro de esta profecía, Dios quitará su parte del libro de la vida, y de la santa ciudad y de las cosas que están escritas en este libro. El que da testimonio de estas cosas dice: Ciertamente vengo en breve. Amén; sí, ven, Señor Jesús. La gracia de nuestro Señor Jesucristo sea con todos vosotros. Amén."

Nosotros creemos que Dios es uno solo, y que no hasido creado. El es el alfa y el omega, el principio y el fin. El no tiene limitaciones. El tiempo es irrelevante para él. Él es omnipotente y omnipresente.

Dios Padre YHVH, Jesús el hijo y el espíritu Santo. Juntos, son una sola persona.

Nosotros creemos que Yeshua "Jesucristo" es el único hijo engendrado de YHVH y su manifestación en la carne como Dios y como hombre en la tierra.

Yeshua nació de una virgen. Su ADN era único, conteniendo el código Santo e inmortal de YHVH.

Creemos que el vino a la tierra para convertirse en el sacrificio perfecto por nuestros pecados y para llevarse nuestras maldiciones y enfermedades.

Creemos que por su preciosa y poderosa sangre, tenemos acceso al lugar santísimo por nuestro llamado más alto y perfecta relación con él para nuestra transformación.

Yeshua murió en la cruz y resucitó de nuevo para abrir la puerta, y mostrarnos y guiarnos por el camino del reino.

Creemos que Yeshua es el camino, la verdad y la vida y nadie puede llegar a YHVH sin él.

"Jesús le dijo: Yo soy el camino, y la verdad, y la vida; nadie viene al Padre, sino por mí."

Yeshua está vivo. El es un Dios vivo. A través del espíritu Santo en nosotros, El nos habla, nos separa, nos enseña y nos envía.

Creemos que Yeshua es nuestro mejor mentor y nuestra cobertura. Creemos que haremos en la tierra, cosas más grandes de las que Yeshua hizo.

"De cierto, de cierto os digo: El que en mí cree, las obras que yo hago, él las hará también; y aun mayores hará, porque yo voy al Padre." (Juan 14:12)

Creemos que la religión no puede cambiarnos; solo una relación verdadera y personal con YHVH puede hacerlo.

Creemos que en la presencia de YHVH, están los portales perfectos del cielo llenos con su fuego, y la presencia de los siete espíritus de Dios que nos transforma en sus portales para ser enviados para su gloria.

Creemos que el orden de Melquisedec es desbloqueado en nosotros y a través de nosotros; así como nosotros somos en Yeshua en los cielos, para la manifestación perfecta de Su reino en la tierra.

Creemos que YHVH está revelando sus misterios a sus hijos e hijas, a quienes El halle confiables, maduros en carácter, probados, pasados por fuego y completamente rendidos al llamado más alto. Ellos sabrán los tiempos y las estaciones para seguir adelante en obediencia para su reino.

Creemos que Yeshua regresará de nuevo. Sombras

de los Cielos

1

INVITACIÓN

Yo nací de una familia musulmana secular en Ankara, la capital de Turquía. Mi familia no practicaba ni vivía por los estrictos principios y reglas de la religión musulmana. Sin embargo, nosotros permanecíamos estrechamente conectados a las tradiciones y costumbres de nuestra nación, dado que era lo único que conocíamos. Mi curiosidad me llevó a preguntar a mi abuela acerca de las oraciones que recitaban los musulmanes, y ella me enseñó dos que eran consideradas las más importantes. Todas las oraciones eran enseñadas y memorizadas en árabe aún cuando la mayoría de los turcos no hablan ni una palabra de árabe.

Como toda pequeña niña, antes de ir a dormir en las noches, sin realmente saber que estaba hablando al verdadero Dios creador, yo acostumbraba a poner mis manos en mi cuerpo y decir, "Dios esto es solo un cuerpo, y algún día moriré. Yo soy lo que está dentro de este cuerpo como un espíritu, y puedo ver a otros alrededor mío, y puedo decir que soy diferente. Entonces preguntaba: ¿quién soy y porque estoy en este cuerpo?" No recibí ninguna respuesta durante todo ese tiempo, pero noche tras noche preguntaba lo mismo.

En la escuela me mantenía muy ocupada con mi trabajo escolar, tratando de tener éxito. Cuando crecí me mantuve ocupada trabajando en mi carrera la cual era de gran importancia para mí. Regularmente, trataba de permanecer espiritualmente conectada buscando conocer la verdad, pero nunca me consideré a mí misma como alguien religioso. De hecho, siempre odié la idea de pertenecer a una organización religiosa.

Nos mudamos a Florida desde Turquía en el año 1997 y en el 2000 me divorcié y perdí a mi padre en el mismo año. De repente me convertí en una madre soltera con dos hijos viviendo con mi madre. Siempre fui muy determinada y amaba enfrentar los retos en mi vida. Rápidamente reacomodé la situación de mi vida y definí un nuevo orden. Después de esto, todo parecía estar bien. No me gustaba buscar apoyo o ánimo de parte de nadie.

Una noche, a principios del 2002, cuando todo en mi vida parecía estar moviéndose perfectamente bien, tuve un sueño.

En aquel sueño, yo estaba parada enfrente de una iglesia pequeña. Y escuché una voz que me llamaba por mi nombre y decía: "entra en esa iglesia". Al sonido de la voz, me desperté y me senté en la cama. Me quede en completo asombro por un momento. Aún hoy en día casi puedo escuchar el tono de esa voz en mi sueño. Era muy real.

Gradualmente y durante el año, comencé a visitar varias iglesias que me conseguía en el camino. Disfrute muchas de las enseñanzas y las alabanzas. Hasta cierto punto, todas eran iglesias denominacionales. Aún cuando disfrutaba mis visitas a esas iglesias, continuaba sintiendo que algo estaba faltando.

Un día Harry, un amigo mío me invitó a visitar su mega iglesia no-denominacional en Fort Lauderdale. Luego de esta invitación, tuve una visión donde me veía a mí misma usando un vestido largo con margaritas. Pensé que era extraño dado que nunca antes había usado nada que tuviera margaritas. Interesantemente, después de recibir esta visión, aleatoriamente entré a una tienda y allí había un vestido con margaritas. Luego entendí que el vestido confirmaba mi visión y que era de parte de Dios. Mientras me alistaba para ir a la iglesia, pude sentir que esta vez era diferente de todas mis experiencias anteriores. Puedo recordar la emoción y sentir mariposas en el estómago.

Cuando llegamos a la iglesia todo el mundo estaba de pie y cantando. Miré a la gente y vi algunos de ellos con sus manos levantadas. De repente un hombre calvo a mi derecha cayó de espaldas en su silla. Todo el mundo incluyéndome a mí lo estaba mirando. Tenía un brazalete de hospital en su muñeca y parecía muy frágil, por lo qué pensé qué tal vez estaba recibiendo tratamiento de quimo-terapia. Era muy joven. Su esposa estaba sentada entre nosotros, y parecía como que si se hubiesen casado recientemente.

A partir de ese momento, toda mi concentración se enfocó en ellos. Sin intención me había desconcentrado del servicio. Mientras todo aquello tomaba lugar, comencé a recordar algunos eventos que habían ocurrido en mi vida mientras vivía en Turquía, antes de mudarme a América. Aunque aún no conocía a Dios, ni tenía ningún conocimiento acerca de Jesucristo, el recuerdo de aquellos eventos me hizo entender que El había estado muy presente y activo en mi vida aún desde que era una pequeña niña. Como adulta, recordé tener pensamientos y un profundo sentido de la compasión hacia muchas personas que estaban enfermas en hospitales y aún en sus casas. Sintiéndome cómo que si hubiese sido enviada por Dios, acostumbraba a visitar y orar por algunas de esas personas al final de sus vidas, y ellos recibían milagros. También, siempre me sentí como que era enviada a personas que estaban en necesidad de ayuda, y a aquellos que necesitaban apoyo y ánimo. Estaba comenzando a recibir confirmación que este Dios siempre había estado conmigo y me había usado para sus propósitos.

Entonces note que la esposa de aquel hombre estaba escuchando atentamente al pastor y estaba llorando. Miré sus lágrimas correr por sus mejillas, y pude sentir compasión dentro de mí. No pude detener mis lágrimas. En aquel momento, sentí algo que nunca antes había experimentado. Lentamente la compasión que yo sentía se hizo cada vez más y más fuerte dentro de mí, hasta que era demasiado para soportarlo. Fue el sentimiento más abrumador que haya experimentado jamás. Me sentí que quería gritar y pensé para mis adentros que este amor debía venir de Dios. Entonces le dije "Tú me trajiste aquí hoy y tú arreglaste para que yo me sentara cerca de ellos, para tocar mi corazón y llenarme con tu amor y tu compasión. Por favor no me quites este amor. Es hermoso. Úsame para tu gente".

Cuando el servicio termino, le di un fuerte abrazo a la esposa de aquel joven que estaba sentada cerca de mí. Entonces me encontré a mi misma ministrándole, diciendo: "Dios es grande y tu esposo no morirá, sino que será sanado y vivirá. Dios hará el milagro en sus vidas".

Luego, mi amigo me dijo que algunas personas estaban yendo a al altar, y me preguntó que si yo quería ir con ellos también. La forma en que el me preguntó me llevó a creer que ellos estaban yendo al frente para orar a Dios por sanidad, o por sus necesidades personales. Estuve de acuerdo en ir al frente con una condición, que él viniera conmigo. Fuimos juntos, y yo comencé a orar como había orado antes pidiéndole a Dios que mantu- viera esa compasión y su amor en mí y que me usara para sus propósitos. Entonces escuché al pastor decir: "ustedes todos han recibido a Cristo en sus vidas hoy". Mi amigo Harry me felicito por haberme convertido al cristianismo.

Mi reacción fue firme e inmediata. Dije: "no, yo no vine al frente para convertirme en cristiana. Yo no necesito ser cristiana". Me fui a casa y aquella noche me senté en mi cama hasta las 5:00 de la mañana, hablando, llorando y gritándole a Dios.

En mi desespero, yo decía: *"Dios, por lo que sé, tú eres misericordioso y justo. Yo tengo respeto y amor por ti, pero al mismo tiempo, temo tus juicios. Cuando yo muera, vendré delante de ti, y temo que ese día me preguntes por qué yo no pude encontrar la verdad o porque cambié mi religión. Y entonces me digas que cometí un error. No quiero encontrarme en esta posición delante de ti. Yo creo que tú eres el único Dios y un Dios verdadero debe tener una sola verdad. Y si todas estas diferentes religiones y denominaciones son tu verdad, yo entonces ya estoy condenada. Pero yo creo que por tu carácter tú tienes una sola verdad. Mi vida y mis capacidades terrenales no serán suficientes durante el resto de mi vida para descubrir cuál es tu verdad."*

Yo no puedo regresar y transportarme a dimensiones pasadas y ver con mis propios ojos quien escribió estos libros, que partes de ellos cambiaron y que partes vienen de ti y cuáles no. Por tanto, esta noche yo te estoy dando todos esos libros y religiones. Aléjalos de mí. Yo no voy a tocar ninguno de ellos hasta que tú personalmente me muestres y me enseñes tu única verdad. No quiero que ningún hombre me muestre o me enseñe nada. Así, cuando yo venga delante de ti, no podrás preguntarme por qué no pude encontrar cual era el correcto o por que cometí un error".

La forma en cómo mi conversación con Dios término, finalmente me permitió relajarme en lo referente a la decisión que tenía que tomar aquella noche. La vida continuó como siempre, y no dediqué mucho más tiempo a pensar nada con respecto al cristianismo.

Mi amistad con Harry se convirtió en una relación más íntima. Nos acercábamos a tomar la decisión de vivir juntos. Algunas veces Harry me mostraba la biblia y me decía que estábamos viviendo en pecado. Me decía que lo que estábamos haciendo era fornicación. Yo le pregunté porqué lo que estábamos haciendo era pecado, pero él no me respondió. Sin haber leído la biblia por mí misma, continuamos viviendo de esa manera por algún tiempo más.

2

TODAS LAS COSAS NUEVAS

Siete meses después de mí conversación con Dios, comencé a tener sueños durante la noche. Estos sueños no eran como los que había tenido antes. Eran muy vívidos, y yo me convertía en parte de ellos por así decirlo; viviendo dentro de ellos. Las escenas siempre se ubicaban en diferentes lugares, y yo usualmente me encontraba haciendo y experimentando cosas que nunca antes había hecho.

Finalmente acepte la realidad que sin realmente conocer quién era Jesucristo, había recibido su amor en mi corazón el día que visite aquella iglesia. Sin embargo, no había aceptado la religión.

Con muchas preguntas y una falta de entendimiento acerca de mis sueños, finalmente uno de mis amigos cristianos me recomendó que fuera a ver un consejero Dr. "L" de Checoslovaquia. Durante el régimen comunista, él había estado en prisión solamente por ser cristiano.

Dios vio que el memorizó cada escritura del viejo y del nuevo testamento durante el periodo de su encarcelamiento. El escondía las páginas de la biblia que recibía dentro de grietas en la pared de concreto de la prisión.

Fui a visitar a Dr. "L" y le conté mi historia, mi conversación con Dios y mis sueños recientes. Luego de escuchar cada uno de mis sueños me pidió que abriera la biblia; mayormente el viejo testamento. Siendo esta mi primera vez leyendo la biblia, difícilmente podía encontrar los capítulos y los versos que él me indicaba. Sin embargo, el me ayudó a buscarlos. A medida que yo leía las escrituras, me sentía abrumada y con lágrimas, a medida que reconocía las revelaciones bíblicas contenidas en mis sueños.

Todos mis sueños, con cada mínimo detalle, estaban en aquellas escrituras que estaba leyendo. No pude evitar sino preguntarme si yo en alguna oportunidad antes de mis sueños hubiese podido leer aquellas escrituras, y si al hacerlo mi mente subconsciente estaba transformándolos en mis sueños. Sin embargo, en mi corazón, yo sabía que ese no era el caso. Y no era que mis sueños estaban escritos en aquellas páginas, sino que Dios había comenzado a enseñarme la Biblia El mismo.

El primero me mostraba cosas acerca de su palabra en mis sueños, luego las respaldaba con actuales escrituras, de manera que yo no pudiese dudar de él y le diera a él toda la gloria.

Durante todos aquellos meses que duraron mis visitas, lo primero que aprendí de Dr. "L" fue el evangelio. Yo nunca había escuchado el evangelio antes de conocerlo a él.

Dr. "L" también me enseñó que si yo entraba en la presencia de Dios, el mismo me enseñaría, y que si yo le pedía que me diera algunas escrituras, él lo haría. Y en aquel momento Dr. "L" me dijo que orara y le pidiera a Dios que me diera una escritura. Antes inclusive de haber orado, escuché Ezequiel 3.

Yo ni siquiera estaba segura de que hubiese un capítulo de la biblia llamado Ezequiel. Dudé por un momento antes de preguntar a Dr. "L" si el nombre Ezequiel estaba en la biblia. El me ayudó a encontrarlo. La escritura se refiere a la instrucción de Dios al profeta Ezequiel a quien El había designado como vigilante sobre su pueblo en cautividad. Ezequiel estaba siendo enviado para advertir a su pueblo de la necesidad de arrepentirse y las consecuencias de su comportamiento. A medida que leía la escritura, comencé a llorar porque esto describía exactamente aquello con lo que yo estaba lidiando en aquel momento.

Le pregunté a Dr. "L" que significaba "su pueblo en el exilio" en la escritura, el me explicó que "su pueblo en el exilio" significaba "Gente de Turquía viviendo en América". En ese momento recibí mi primera confirmación de lo que he comenzado a compartir.

"El cambio ha estado ocurriendo desde que sentí a Jesús en mi corazón", con los miembros de mi familia y mis compatriotas, desde que visité aquella iglesia, Y que todo aquello que yo estaba haciendo era bíblico.

Luego de mi agradable experiencia con Dr. "L", me fui a mi casa sintiéndome muy feliz y emocionada. En medio de la noche, brinqué de mi cama al escuchar nuevamente la misma voz diciendo:

"Tu leíste Ezequiel 3 hoy, despierta y lee ahora Ezequiel 33". Yo me preguntaba si esto era solo un sueño de mi mente subconsciente. Fui a la sala, tomé mi Biblia y encontré Ezequiel 33. Era muy similar a Ezequiel capítulo 3. Ambas escrituras lidiaban con el profeta siendo enviado para advertir al pueblo de Dios antes del juicio y de sus consecuencias desastrosas. Comparé ambas escrituras, y la revelación que recibí del capítulo tres era que debía compartir la palabra de Dios y advertir a mis coterráneos aquí en América. Sin embargo, el capítulo 33 indicaba que mi territorio no se limitaba solamente a América, sino que se expandía internacionalmente para incluir a mis compatriotas viviendo en el Turquía y tal vez en algún otro lugar.

Aunque no entendí mucho en aquella oportunidad, sabía que era Dios dándome aquellos mensajes. También percibí que algún día en el futuro yo también daría advertencias de parte de Dios a su pueblo.

Durante ese periodo, comencé a recibir respuesta de Dios a mis muchas preguntas a través de las escrituras. Las escrituras proveían la respuesta exacta a mis situaciones de manera que nunca pudiese olvidarlas. Mensajes de parte del Señor venían a mí durante horas inusuales y emocionantes en medio de extraños sucesos, Los cuales me ayudaron a retener las lecciones que me estaban siendo dadas.

Después de algún tiempo, durante una sesión de oración en una de las iglesias a las cuales asistía, el pastor profetizó sobre mí que yo comenzaría a viajar, especialmente a Turquía. El dijo que yo sería como el apóstol Pablo y que al final ya no me escondería nunca más. No respondí, pero luego que el servicio había terminado le pregunté a mi amiga Amy quien era Pablo y que había hecho. Amy me mostro unos diagramas en mapas en la parte posterior de la Biblia, donde Pablo había viajado muchas veces a Turquía durante su ministerio.

Yo le informe a ella que nunca viajaría a Turquía a causa de mi pésima experiencia previa allí. Adicionalmente le dije: "aunque esto es confirmación de las escrituras que recibí de parte de Dios aún no quiero ir, y no haré tal cosa". Amy me interrumpió diciendo "no digas que no porque si es la voluntad de Dios y el propósito de Dios para tu vida, no puedes desobedecerle".

Más tarde aquella noche mi curiosidad alcanzó su punto máximo y decidí echar un vistazo a aquellos mapas en la parte posterior de la Biblia.

Quería ver cuántos viajes Pablo había hecho a Turquía. Bastantes para mi sorpresa. Me di cuenta que en realidad habían sido muchos.

Le pregunté si se esperaba que yo hiciera tantos viajes, sin saber que eventualmente, haría muchos más viajes de los que Pablo hizo.

Comencé a buscar de Dios pasando tiempo en su presencia todas las noches. Comenzaba visualizándome entrando en lo que más tarde vine a saber que era el salón de su trono. Antes de abrir la puerta de su presencia, le pedía al Señor que me perdonara por cualquier cosa que hubiese hecho a sabiendas o sin saberlo en contra de su corazón. Le decía que no quería estar en su presencia sin haber sido antes limpiada. Me humillaba a mí misma reconociendo que nada puedo hacer fuera de su presencia, su gracia, su misericordia y su poder.

Asimismo, necesitaba su sabiduría divina, su conocimiento, su entendimiento, su ayuda y sus estrategias. Dondequiera y cuando fuera que El me enviara siempre le pedía que fuera conmigo.

Camino hacia la puerta, me veía a mí misma al lado del altar al pie de la cruz en aquellos últimos momentos antes de Jesús murió. Siempre me postrada delante de él llorando y agradeciéndole por lo que El había hecho por mí. Le agradecía por cada gota de su preciosa sangre que El había derramado por mí; la cual yo no merecía. Así como miraba en sus ojos, podía sentir el amor que mi Dios Padre tenía por mí. Entonces, imaginaba mi cuerpo haciéndose uno con su cuerpo, y que yo estaba recibiendo su preciosa sangre para ganar acceso a la presencia del padre YHVH. Yo sabía que sin su preciosa sangre no podría entrar en el salón del trono. Jesucristo era el camino la verdad y la vida para mí.

Atravesaba la puerta con gozo, agradeciéndole por todo lo que podía recordar y aún por las cosas que todavía no había recibido.

En la presencia de mi Padre, Rey y Señor, yo danzaba, cantaba, alababa y le glorificaba. Usualmente me quedaba en su presencia por horas porque encontraba que era mi lugar de descanso y de resguardo.

Después de algún tiempo, comencé a tener visiones en las cuales me veía a mí misma sentada sobre las piernas de mi padre mirando las cosas que pasaban sobre la tierra. Podía también verme a mí misma y a otros realizando actividades diarias, tal como mi padre nos veía.

Esto se convirtió en mi experiencia diaria aún antes de que yo tuviera el conocimiento sobre el tabernáculo de Moisés en el viejo testamento. Más tarde vine a entender que el espíritu Santo me estaba enseñando el protocolo de su reino. Su lugar se convirtió en mi hogar.

3

DÁNDOLE A DIOS

Una noche mientras estaba cantando y alabando a Dios, comencé a cantar en lenguas, allí mismo, y comencé a entregarle a mis hijos y a mi madre a Dios. Yo dije "mis hijos vienen de ti y son un regalo y una bendición para mí en la tierra, para que yo cuide de ellos, para amarlos y disfrutarlos. Sin embargo ellos son tus hijos. Yo apenas los di a luz en la carne, pero tú pusiste sus espíritus dentro de ellos, no yo. Ellos te pertenecen, y tú los tomarás y tendrás cuidado de ellos perfectamente, dado que tú los creaste y tú eres su Padre. De ahora en adelante yo no llevaré sus cargas, sus preocupaciones, ni sus miedos".

Mi madre siempre fue una fuerza controladora sobre mí, y yo también se lo entregue a Dios. Ahora, yo ya era libre. Ella más tarde se convirtió casi una hermana para mí.

Me sentía maravillosamente aliviada después de aquella noche. Sin embargo, después que entregué mis hijos a Dios, mi fe ha sido muchas veces probada con respecto a ellos, especialmente en dos ocasiones.

Una de esas pruebas ocurrió mientras yo iba camino a un centro de trauma manejando detrás de la ambulancia en la cual mi hijo herido era transportado. Tuve que pedirle perdón a Dios cuando entendí el estado de pánico en el que me encontraba. Inmediatamente paré de llorar y le di a mi hijo menor de regreso a Dios. Habiendo decidido que aceptaría si el Señor decidía llevarlo de regreso a casa ese día, le envié a mi hijo un beso de despedida. Sin embargo, yo dije Señor, yo aún creo que tú quisieras que el permanezca en la tierra para vivir su vida plenamente y completar su destino en ti, así como tú has prometido a través de Abraham, sabiendo que las bendiciones de Abraham ahora son mías.

Mi hijo se había caído de una pared y se había golpeado la cabeza contra el concreto. La sangre estaba brotando de su cabeza cuando la ambulancia finalmente llegó. En una hora después de haber sido admitido en el hospital, estaba siendo dado de alta porque no podían conseguir nada malo en el MRI ni en el resto de sus exámenes. Todo el mundo decía que esto era un milagro.

La segunda gran prueba fue en el año 2009. Yo había viajado a Turquía y había establecido un grupo de jóvenes y estaba enseñándoles acerca del reino de Dios. Les enseñaba como desarrollar una relación personal con Dios a través de ir y permanecer en su presencia. Mientras estaba allí, recibí una llamada de parte de mi madre diciendo que mi hijo no había regresado a casa la noche anterior y que ella no podía encontrarlo por ningún lado. Yo estaba muy lejos en Estambul; frenéticamente comencé a llamar, sin recibir respuesta alguna. Finalmente, conseguí a mi hijo al día siguiente muy temprano en la mañana. El me dijo que estaba en la playa con sus amigos y aparentemente estaba borracho.

Para aquel entonces mi hijo estaba en un lugar realmente oscuro y había comenzado a trabajar en un lugar de tatuajes. El enemigo me atacó usando la culpa y me hizo sentir como que si yo era la peor madre. Me sentía como que si necesitaba regresar a casa en el próximo vuelo de Estambul, para cuidar de mi hijo. Esta debilidad duró solo dos minutos, y entonces me encontré cara al piso arrepintiéndome y llorándole a Dios. "Señor, perdóname por mi incredulidad. No me iré de este lugar ni dejaré a tus 35 hijos por uno solo. Te lo regreso de nuevo. Como tú me prometiste, así como yo estoy cuidando de tus niños tú cuidarás de los míos. El es tu hijo y yo te lo he entregado antes. Por tanto, tú tendrás cuidado de él. En una semana mi hijo dejo a atrás la oscuridad de su trabajo y sus amigos. Escogió mudarse a Orlando y quedarse en casa de su medio hermano para ir a la universidad. Luego de haber tomado esta decisión, su vida cambió completamente.

Después de esas experiencias, como podría no rendirme a Dios? El me haprobado que está vivo, amándome y teniendo cuidado de mí, un hacedor de milagros y mi amigo.

4

DIFÍCIL ESCOGER OBEDECER

De repente, me encontré en guerra con respecto a la relación con mi novio.

Yo había estado divorciada por dos años antes de conocer a Harry. Me había sentido sola y necesitada de una relación antes de conocerlo.

Durante ese periodo de tiempo, la soledad y el sentimiento de que no podía vivir sin un hombre en mi vida, se había convertido en mi mayor debilidad. Esos sentimientos de aislamiento y miedo paralizante me plagaban, adueñándose de mi mente, me hacían sentir como que el estar sola era el fin del mundo y de mi vida. Me sentía como que si era mejor morir que vivir sin un hombre.

Inicialmente, mi relación con Harry parecía ir bien. Sin embargo, así como yo perseguía una relación más profunda con el Señor, el se volvió muy hostil hacia mí. Entré en depresión por causa de su comportamiento y la forma en cómo él me estaba tratando.

Mientras estaba saliendo con el mi vida era como una tierra seca. Me sentía como si estaba caminando por el fuego a causa de la confusión. La terrible imagen se hizo realidad en mi espíritu por las pruebas que debía soportar.

Yo iba delante de la presencia de mi rey cada noche en busca de Su sabiduría y su guía. Cuando yo le preguntaba, El me respondía. Le pregunté si la perso- na de la cual yo estaba enamorada era el que El había destinado para mí. Su respuesta siempre resultaba un "no". Perdí la cuenta de cuántas veces le hice la misma pregunta, mi carne y mi espíritu estaban enganchados en un tira y afloja en una gran guerra espiritual.

Sin embargo, durante esta guerra y este tira y encoge en la relación, yo estaba cambiando y aprendiendo. Yo había permanecido fiel a todo lo que había aprendido del Señor y las lecciones que había recibido. Decidí obedecer todo lo que era su verdadera voluntad para mi vida.

Asumí que mis relaciones fallidas eran todas pruebas las cuales pasé al no desviarme del camino en el que Dios me había puesto. Finalmente decidí escuchar a Dios cuando él dijo "no"; sin importar nada. Este nivel de obediencia me trajo mucho dolor y sufrimiento. Esta era mi parte más débil, pero estaba cambiando. Dios me estaba transformando, y esto dolía.

Una de las noches en las que fui a la presencia de mi Padre, le dije que dado que esta persona con la que yo tenía una relación no era la que El tenía para mí, yo decidía no volver a dormir más nunca con Harry. No viviría más en fornicación, y esa era mi elección.

Yo había sido capaz de conscientemente tomar la decisión de no seguir manteniendo esta relación con mi novio o con cualquier otra persona que pudiera conocer, fuera de la santidad del matrimonio. En mi mente, entendía totalmente las consecuencias de mi decisión. Estaba consciente que esta decisión terminaría la relación y que perdería a mi novio. También entendí que posiblemente podría no volver a tener una relación hasta el final de mi vida. Con la fortaleza de Dios y su gracia, estaba siendo capaz de tomar la decisión correcta y seguir adelante. Esta era la evidencia del verdadero milagro ocurriendo dentro de mí y en mi vida.

Entendí que mi fortaleza venía directamente de mi Dios Padre porque estaba delante de su presencia cada noche. Allí yo siempre experimenté su amor llenando mi corazón y todo mi ser. Gradualmente, comencé a sentir cuánto había sido amada por mi Padre y cuán bella y valiosa yo era. Estaba comenzando a encontrar mi verdadera "identidad".

No fue sino hasta después de mi primera demostración significativa de obediencia, cuando en Julio del 2003 le dije a Harry de la decisión que había tomado, que repentinamente mis hijos, mi mamá, mi hermana y su hija comenzaron a venir a Cristo. Yo había estado trayendo gente a la iglesia cada fin de semana, incluyendo mis amigos y mis clientes. Durante los primeros dos años más de 50 personas vinieron.

Mientras tanto, yo me convertí en voluntaria del ministerio Salones de Sanidad (Healing Rooms) y también como voluntaria en un hospicio. Mientras ministraba en esos lugares, experimenté la presencia de Dios y las manifestaciones de su poder entre su pueblo.

Después de decirle a Harry que no volvería a dormir con él, él no me dejaba ir. Cada vez que yo quería irme, el conseguía diferentes maneras de persuadirme para comenzar de nuevo. Inclusive una vez me dijo que tenía cáncer y se estaba muriendo. Yo me oponía absolutamente a volver a vivir en fornicación, pero aún estaba enamorada de él y no tenía la fuerza para dejarlo. Yo sencillamente esperaba que Dios lo cambiara para que pudiéramos casarnos, pero mi esperanza siempre se convertía en tristeza. Cada vez que le preguntaba al Espíritu Santo acerca de Harry, él me indicaba que Harry no había cambiado y que todo eran juegos y mentiras. Los ciclos continuaron con diferentes escenarios, que duraron más de un año.

Una de las noches en que fui a la presencia de mi Padre, le dije que dado que Harry no era lo que él tenía en su plan para mi vida, yo iba a tratar de terminar todas mis expectativas con respecto a él, permanentemente. Entonces continué diciendo: "pero como tú me prometiste, que yo no estaría caminando sola a través del desierto y en medio de los fuegos, y que tú estarías allí conmigo tomándome de la mano, te pido que por favor me ayudes. Por favor libérame de estas emociones". Y continúe diciendo: "durante el día cuando estoy ocupada puedo manejarlo. Sin embargo, en la noche es cuando más me duele, nubla mi mente y todo mi ser. Por favor haz que el dolor cese, estabiliza mis emociones y has que este sentimiento de dolor desaparezca".

Me dormí con dificultad esa noche, pero cuando desperté en la mañana, me sentía diferente. Estaba como adormecida a todo el dolor de la noche anterior. El dolor que había sentido en mí por todo ese tiempo había desaparecido. Estaba todavía consciente de mi situación y las decisiones que tenía que hacer, pero ya no me causaban ningún dolor.

Al día siguiente mi situación era la misma, pero yo me sentía completamente diferente. Tenía una nueva perspectiva y claridad. Ya no sentía el dolor aún cuando estaba emocionalmente cansada, algo que yo describiría como un Zombie o un muerto andante. Manejé y trabajé sin sentir ningún dolor y con un sentido de entumecimiento.

Decidí llamar a mis pastores para pedirle orientación. Ellos me dijeron "tú moriste a tu carne. Dios se llevó tu parte más débil. Ahora tienes que agradecer a Dios y pedirle que llene ese vacío con su compasión y el deseo de su corazón".

Luego de aquel día comencé a orar y a pedirle que llenara ese vacío con su compasión y el deseo de su corazón todas las noches delante de su presencia.

5

LOS DESEOS DEL CORAZÓN DEL PADRE

En Noviembre del 2004, me desperté repentinamente una noche, e inmediatamente me levanté de la cama. No parecía que podría volverme a dormir, entendí que no sería capaz de regresar a la cama, por tanto me fui a la sala y encendí la televisión. Mientras trataba de encontrar algo que hacer, una noción desconocida y poco familiar vino a mí. La televisión mostraba el canal cristiano que yo había estado viendo antes. Tan pronto como mis ojos se ajustaron a la luz, vi el mapa de Turquía en la pantalla de la televisión. Aún cuando mi mente no estaba totalmente despierta, lo suficiente como para retener lo que habían dicho en el programa, la mera imagen del mapa me desconcertó completamente. De repente, sentí compasión en mi corazón y me encontré en el piso gimiendo desconsoladamente y pidiéndole a Dios que si yo era la escogida, que me llevara a esa parte del mundo; si es así, déjame saber y yo iré. Grité muy alto: "estoy lista para obedecer". Después de cierto tiempo logré recomponer me y me levanté del piso. Me senté en el sofá, y allí me quedé muy quieta con mis ojos cerrados.

Fue entonces cuando experimenté mi primera visión. No era un sueño, porque yo estaba despierta, pero como tal era muy vívido. En la visión, yo observaba desde un lugar muy alto y me vi a mí misma en la cima de una estructura elevada. Miré hacia abajo y vi una cascada muy grande la cual me recordó a las Cataratas del Niágara. Había un vial de vidrio pequeño en mis manos, transparente y lleno de aceite. Me vi a mí misma muy pequeña como una niña, porque donde yo estaba parecía ser muy vasto, casi incomprensiblemente. Yo estaba vertiendo el aceite en la cascada, y luego abrí mis ojos.

Cuando la visión terminó, una confusión se apoderó de mí. Pensé que las imágenes eran demasiado vividas, y no comprendía de qué se trataba. Me había desmayado por una fracción de segundo. Estaba segura que esto era de parte de Dios, pero no lo entendía. Le pedí que me diera la sabiduría para entender el significado.

La mañana siguiente llame al líder de la iglesia a la cual yo asistía, esperando obtener respuestas a la visión que había tenido la noche anterior. Le expliqué en detalles ya que fui capaz de recordar con gran exactitud. Los líderes de la iglesia me dijeron que Dios me había dado un mensaje, que yo tenía un llamado y que necesitaba descifrarlo por medio de la oración.

No te asustes, cálmate y busca tu paz. Nosotros oraremos por ti, y tú también oraras por claridad. En su tiempo Dios te mostrará el significado de tu visión. Comencé a orar y a pedirle a Dios un mayor entendimiento. Estaba lista para ir y hacer lo que Dios quería que yo hiciera. Solo necesitaba confirmación de que el camino que estaba a punto de tomar era, de hecho, el camino correcto y Su voluntad. Debía estar segura.

Le dije a Dios: "si tú no vienes conmigo, entonces yo no iré. Si esto no viene de ti, ¿porque debería ir? ¿Que podría lograr sin ti? ¿Para qué me servirían mis fuerzas?" le pregunté. Noche tras noche esperaba ir delante de su presencia. Durante estas sesiones, comencé a recibir más escrituras. Las recibía como que si tratara de piezas de un rompecabezas, pieza por pieza. Las escrituras venían a mí con ciertos sentimientos peculiares conectados a ellas; una sensación de separación, profundamente intensa que lo hace a uno inquieto y algo molesto. No era una emoción pasajera o sutil, sino un fuerte deseo de hacer algo, como una necesidad urgente y repentina de llamar a un amigo o a un ser amado. En cierta manera es difícil describir este sentimiento. Una vez que comenzaba a leer las escrituras que había recibido, era claro que yo no me estaba inventando todo esto; no era mi imaginación. En cambio, era Dios enviándome las respuestas que yo estaba buscando.

Comencé a pedir detalles. Escribí las escrituras que recibí junto con las preguntas que hice. Recuerdo reírme estrepitosamente muchas veces cuando vi acertadas eran las respuestas.

Durante este periodo hay una noche en particular que resalta en mi memoria. Yo ya había recibido una escritura, pero aún quería más, y por ello pedí una segunda, y luego una tercera. Aquella noche recibí tres escrituras de tres diferentes partes de la biblia; todas con respecto al mismo tópico. Todas hacían referencia a la misma ubicación por su nombre. Todas ellas mencionaban en el río Éufrates. Me pregunté si era una coincidencia. Yo no sabía acerca de este río o donde se encontraba localizado. En mi intento por tratar de establecer una conexión entre las escrituras comencé a hacer ciertas investigaciones.

6

EL RÍO ÉUFRATES

Mi primer instinto fue escribir Éufrates en mi computadora, para aprender más al respecto. Luego de mirar algunas fotos y artículos, rápidamente entendí que el río Éufrates se encontraba localizado en Turquía, y conocido por mí como "Firat". Mientras más encontraba acerca de este río, más quería buscar. Leí sobre su significado y su historia. Mientras veía algunas fotos, me crucé con la represa de Antaturk, la cual está en el río Éufrates. Cuando vi la imagen, inmediatamente recordé mi primera visión donde me vi a mí misma en la cima de una gran cascada como una estructura, derramando aceite para ungir en el agua.

Inmediatamente llamé a los líderes de mi iglesia para compartir mi hallazgo. Les dije acerca de las escrituras que había recibido, acerca de mi investigación y mi visión. Decidimos que era la voluntad de Dios que yo viajara a Turquía y que visitara la represa de Ataturk en el río Éufrates para derramar aceite de ungir en las aguas tal como lo había visto en mi visión.

Para ese mismo momento, recibí otro mensaje del Señor, el cual no me sentí cómoda compartiéndolo con nadie porque parecía bastante gravoso para mí. El mensaje era que hay cuatro espíritus malignos atados en el río Éufrates y Dios los liberará. Cuando sean liberados, Dios provocara que líderes corruptos en la región comiencen a levantarse. También tuve una visión de ojos abiertos mientras escuchaba otro mensaje de Dios, que decía que reinos caerán y otros reinos se levantarán en esa área. En ese preciso momento, vi unas rocas gigantescas del tamaño de unos peñascos, formando una nube de polvo desde el suelo, mientras que otras formaciones rocosas caían al suelo desde la misma nube de polvo. Entonces Dios dijo: "después que termines, regresarás a tu casa y vigilarás y orarás por estas cosas y por lo que llegará a ser del mundo entero, especialmente a esta área en el medio oriente.

Esta información era demasiado para mí en aquel momento. Yo estaba nueva en el Señor, por tanto me pregunté porqué había sido escogida para recibir revelaciones de esta magnitud. Pensé para mí: "¿qué valor tenía yo para llevar a cabo una tarea cómo esta? Escogí mantener esa información para mí misma, al menos por el momento. Seguí adelante con los planes de viajar al río Éufrates para derramar aceite. Sin embargo no estaba segura de cómo esto sería posible.

Era Diciembre del 2004, y yo no tenía dinero para costear dicho viaje. El costo de volar a Turquía y los gastos de alojamiento no serían baratos. Confié en el Señor, y creí que si verdaderamente él quería que yo me embarcará en este viaje, el me proveería con los medios para hacerlo.

Una mañana alrededor de las 6:00 AM, me desperté abruptamente con una voz muy fuerte diciéndome que me despertara y leyera Ezequiel 38 y 39. Nunca antes había escuchado de estas escrituras, de manera que no estaba segura sobre que esperar. Salté de la cama y tomé mi biblia de la mesa de noche, Y rápidamente comencé a buscar los capítulos.

Ellos hablaban de lo concerniente a Gog en la tierra de Magog, Príncipe soberano de Mesec y Tubal, Persia, Cus, Fut y Gomer, Y todas las otras naciones hostiles del mundo. Las escrituras afirman que ellos vendrán juntos unidos desde el Norte a atacar a Israel.

Estos versos contenían instrucciones para el profeta para ir al norte y profetizar en contra de esas naciones y del ataque planeado y viniendo del norte. Así como iba leyendo estos capítulos, me vi a mí misma en la represa. Voltee hacia el norte y profeticé la advertencia de Dios sobre esas naciones.

Cuando investigué sobre esas naciones, sus nombres modernos y su ubicación hoy en día, quede tremendamente impresionada porque todos los investigadores y artículos mostraban que Turquía era una de esas naciones. Pregunté cómo es eso posible si nosotros somos los mejores aliados de occidente y también de Israel, y un miembro vital de la OTAN.

Vi que estas cosas ocurrirían algún día, pero ¿cómo? ¿Cómo puede una nación cambiar tanto y, en mi vida, tan rápidamente?

Recordé la segunda escritura que recibí de parte de Dios al principio: era Ezequiel 33. En esta escritura Dios decía: *"Hijo de hombre, habla a los hijos de tu pueblo, y diles: Cuando trajere yo espada sobre la tierra, y el pueblo de la tierra tomare un hombre de su territorio y lo pusiere por atalaya, y él viere venir la espada sobre la tierra, y tocare trompeta y avisare al pueblo, cualquiera que oyere el sonido de la trompeta y no se apercibiere, y viniendo la espada lo hiriere, su sangre será sobre su cabeza. El sonido de la trompeta oyó, y no se apercibió; su sangre será sobre él; mas el que se apercibiere librará su vida."* (Ezequiel 33:2-5)

La noche cuando inicialmente recibí este capítulo, no estaba ni siquiera segura del significado de la trompeta. Todo lo que yo imaginaba era un instrumento musical el cual yo conocía como trompeta. Finalmente, comencé a entender cómo poner las piezas del rompecabezas juntas.

Les dije a los líderes de la iglesia acerca de mi nueva revelación. Todos coincidían que después de derramar el aceite, mientras aún estuviera en la represa, la advertencia tenía que ser dada. Todos oramos por guía y también para que Dios proveyera los fondos para el viaje. Esto era una misión crítica, y yo no creía que debía ir sola, por tanto se tomó la decisión de que Amy una amiga y compañera de oración, y nuestro pastor debían acompañarme en el viaje. Pero primero, le pregunté a Dios que me diera al menos tres confirmaciones en cuanto a si el viaje realmente venía de parte de El.

En Diciembre del 2004, Amy y yo decidimos visitar a su hija en New York. Mientras estábamos allí, visitamos una iglesia profética y apostólica a la cual su hija asistía. Era la primera vez que conocía al pastor de aquella iglesia, pero aún al final de su enseñanza el me llamó y me profetizó diciendo:

"Dios te enviará a un lugar que tiene una pared construida por hombres, una pared que contiene el agua. El agua representa el espíritu Santo y debería fluir. Por tanto, cuando vayas allí en obediencia, Dios será el que rompa las paredes. También me dijo que viajar a esos lugares no sería seguro. La gente sería rebelde, pero yo no debía temer, porque Dios estaría allí conmigo en cada paso que yo diera". Esa fue mi primera confirmación.

Era el primer domingo de enero, y yo estaba sola. Amy había decidido quedarse en New York por un tiempo.

Yo había sido invitada a visitar una iglesia en Florida. Decidí ir. Durante todo el camino a la iglesia, yo estaba llorando y hablándole a Dios y preguntándole cómo iba a financiar aquel viaje sin un milagro. Le dije que si él me daba el dinero, lo usaría para su gloria.

Cuando llegué a la entrada de la iglesia, me di cuenta que esta era la iglesia a la cual la hija de Amy nos llevó hacía un año, cuando vino de Nueva York. Apenas dos meses después de yo haber sido salva. Durante las alabanzas, por solo un segundo, tuve la visión de la corona de un rey. No era una corona con joyas como la usada en ceremonias, sino una corona de Guerrero; la corona que era usada en los campos de batalla. Fué la visión más corta que había experimentado hasta entonces. Me reí para mis adentros y me pregunté cuál era el asunto con la corona, y que extraño había sido verla entonces.

Aquí estaba yo, un año después. Me senté en algún lugar en la parte trasera del santuario. El pastor estaba dando su primer sermón del año. Anunció que el tópico del día sería Jesús es el Rey de Reyes y el Señor de Señores. Al escuchar aquello y habiendo recordado la visión que tuve el año anterior, me puse más emocional y sensible. El habló acerca de las coronas y los tronos que Dios tiene para nosotros y como por causa del testimonio de Jesucristo; nosotros somos los Reyes y Señores bajo su mando. Un año más tarde, recibía revelación adicional concerniente a mi pregunta acerca de la visión de La Corona.

Al final del servicio el pastor señaló una cesta a su lado en el altar. El dijo "esta cesta está llena con monedas. Dios le había dicho que en aquel año el bendeciría a su pueblo con dinero y vería aquellos que lo usarían para el propósito de Dios, y quienes no. El pastor pidió a todos que formaran una línea frente al altar para entregarles su moneda. Él les dio a todos una moneda, pero cuando vino a mí, colocó tres monedas en mi mano. Yo me pregunté porqué yo recibí tres monedas cuando todo el mundo había recibido solo una. Regresé a mi asiento y cuando me disponía a guardar las monedas en mi bolso, escuché a Dios decir: "vuelve a la fila por más". "Ya me dieron tres monedas le dije, ¿porque debo regresar? ¿Cómo podía regresar y esperar por más monedas como que si estuviera tratando de mentir o de ser ambiciosa? Entonces él dijo: "tu regresarás y el Pastor vendrá a ti. El te va a preguntar si tú recibiste alguna moneda y tú le dirás SI, LAS RECIBÍ.

Deje de revelarme contra Dios. Y volví al final de la línea, en la esquina del salón como si me estuviera escondiendo. Pronto, el pastor se bajó del altar y corrió hacia mí hasta el final de la línea. Estaba parado frente a mí en segundos. ¿Recibiste alguna moneda? me pregunto. Y le respondí asombrada "sí". Regreso al altar y tomó una moneda grande de la canasta. Luego camino de regreso hacia donde yo estaba y me dijo Que él no sabía quién iba a terminar dándosela. Era la única moneda grande en la cesta, y Dios le dijo que me la diera a mí. El dijo "yo no sé porqué tú debes tenerla, pero es tuya". Esta era la segunda confirmación para mi viaje.

Después de Año Nuevo, yo tenía algunos negocios de venta inmobiliaria pendientes, Y estaba esperanzada de que Dios me arreglara las ventas para costear nuestro viaje.

En el mismo día, una por una, por diversas razones, todas las seis transacciones en las cuales yo había estado trabajando por más de cuatro meses, se cayeron. Bien el banco había negado la hipoteca o el avalúo no daba el valor, o algún otro problema sin resolver por el banco.

Era viernes cuando recibí las noticias, una detrás de la otra como una inundación. Impactada me fui a casa y me derrumbé. Mi situación financiera ya era sombría, y ahora había perdido todo aquello por lo que había estado trabajando por tanto tiempo. No tenía ninguna otra manera para costear el viaje al río Éufrates.

Me recosté en el sofá, pero no podía ni siquiera llorar. Estaba conmocionada. Entonces decidí ir al salón del trono de mi padre, permanecer en su presencia para descansar y encontrar amor y paz. Mientras ofrecía alabanzas a él, le pregunté cómo podría hacer lo que él me había pedido, si no podía costear el viaje. Luego de horas de alabanza él respondió con una escritura. Éxodo 14:14 "Jehová peleará por vosotros, y vosotros estaréis tranquilos."

Obedecí e hice exactamente lo que él me había dicho. Me puse mi pijama, me encerré y apagué mi teléfono. Los próximos tres días estuve muerta para el mundo. Me quedé en casa y vi películas como si tuviese un padre millonario o un esposo millonario que pagara mis cuentas. Luego de tres días, encendí nuevamente mi teléfono y estaba lleno con mensajes. Todo el mundo, de los bancos y de las compañías de título me habían dejado mensajes acerca de las cosas que podíamos hacer para cerrar los negocios que estaban pendientes. Parecía como que si todo el mundo excepto yo había estado trabajando por mí durante todos esos días.

Lo había dejado en manos de Dios así como el me indicó. Todos los seis negocios de alguna manera se habían resuelto, aunque aún estaban algo defectuosos o dudosos. Continué trabajando en esos contratos por dos meses más todos cerraron en Febrero del 2005, convirtiéndome en el Agente número uno de nuestra oficina, y simultáneamente sirvieron para costear el viaje al río Éufrates. Esta era la tercera confirmación de parte de Dios para aquel viaje.

Ambos pastores también habían estado orando, y también recibieron fondos para sus gastos de viaje. Ahora todos estábamos listos para viajar. Contacte a la agencia de viaje para conseguir una guía y hacer los arreglos de alojamiento.

Sin embargo en mayo, un mes antes de que debiéramos salir, me puse muy enferma. Desarrollé un dolor muy fuerte que se extendía desde los dedos de mis pies a todas mis coyunturas, huesos y músculos. Tenía una fiebre muy alta y una fatiga extremadamente debilitante que no me podía quitar. Mi visión era borrosa y yo estaba convencida que me estaba muriendo. Aún después de tres confirmaciones sólidas y muchas escrituras, parecía como que toda la esperanza estaba perdida.

Durante mi enfermedad, hice que mi hijo menor durmiera en la misma habitación conmigo porque no estaba segura si amanecería viva. Un repentino miedo a la muerte vino sobre mí, que me hacía sentir como si yo no iba poder hacer este viaje. Recuerdo estar recostada en el sofá un día, incapaz de reunir la suficiente energía para ir al baño, habiendo sucumbido completamente a la fatiga. Allí acostada, vi una pequeña maleta con ruedas en la habitación. Pensé qué tal vez podría arreglármelas durante el viaje si la llevaba conmigo, aunque estaríamos volando nueve veces en 10 días. Contemplé la idea de ir recostadaenelasientotraserodeltaxiconunaalmohadacaminoalaeropuerto.

Esto fué poco antes de que perdiera toda esperanza, entendiendo que no había manera de que yo fuese capaz de completar la misión del viaje. La mañana siguiente me desperté y sentí una gran tristeza y necesidad de arrepentimiento. Inmediatamente me postré con la cabeza hacia abajo en la alfombra de mi sala y comencé a llorar y a clamar a Dios por perdón. Repetidamente le decía:

"perdóname Señor por mi incredulidad, yo soy un creyente, ayuda mi incredulidad y ten misericordia de mí".

Le entregué mi vida, aún hasta morir si esa era su voluntad. Le recordé que había sido él quien me llamó para aquel viaje, y que me había dado las confirmaciones. Por tanto yo sé que sé que sé que yo iría.

Clamé a Dios por horas. Al día siguiente como por un milagro estaba completamente sana.

Unos días más tarde, cuando estaba en su presencia, recibí una escritura Marcos 9:24. Se refería a un hombre que trajo a su hijo que estaba poseído para ser liberado. Los discípulos no pudieron echar fuera del muchacho aquel espíritu demoníaco. Entonces Jesús vino y les habló de sus discípulos diciendo generación incrédula: "E inmediatamente el padre del muchacho clamó y dijo: Creo; ayuda mi incredulidad."

Sin conocer aquella escritura, había dicho exactamente eso; había llamado a Dios pidéndole que perdonara mi poca fe y mi incredulidad, y él me sano.

El espíritu Santo me estaba enseñando la palabra de Dios de esta manera dándome conocimiento y entendimiento, de manera que nunca me olvidara de ellas y de sus enseñanzas. Era una excelente enseñanza y una prueba.

Y volvimos a la programación inicial para el viaje. Yo decidí viajar adelante, para arreglar todo. Cuando mis compañeros de viaje llegaron a Esmirna, me fui con nuestro chofer a recogerlos al aeropuerto. Pasamos los tres primeros días en la región del Egeo visitando las siete iglesias mencionadas en el libro de Apocalipsis. En cada una de las iglesias, profetizamos y proclamamos limpieza y liberación de unción. Dios me mostró que solo el espíritu de la iglesia de Filadelfia permanecía vivo.

Luego de dejar la región del Egeo, volamos a Ankara la capital y luego a la ciudad de Adiyaman en el sureste de Turquía.

Nuestro chofer y guía turístico nos recogió en el aeropuerto y nos llevó hasta el Hotel. Tan pronto como llegamos a la ciudad, entendí que estaba experimentando por primera vez la división cultural entre la gente de Turquía. Aprendí que inclusive hasta nuestro guía turístico, toda la gente eran kurdos. Hasta su vestimenta y su lenguaje eran diferentes. Sentí como que si no estaba en Turquía sino en cualquier otro lugar del Medio Oriente.

Ese mismo día, estábamos camino al río Éufrates en el área de Harrán. Me senté al frente en el asiento del pasajero entre tanto que Amy y el pas- tor se sentaron en el asiento de atrás, mientras nuestro chofer manejaba a través de las laderas de las montañas en el valle de Harrán. Las ventanas de nuestro pequeño auto estaban abajo. El puso un casete y comenzó a sonar algún tipo de música Kurda. Era la primera vez que escuchaba canciones kurdas. El tono de las canciones me puso increíblemente emocional. No podía contener mis lágrimas y comencé a llorar incontrolablemente. Debí haber parecido inconsolable, al punto que Mehmet se paró a un lado y me preguntó si estaba bien. Le pregunté qué tipo de música estaba sonando. El me dijo que el artista era un cantante kurdo. Yo le dije que era muy lindo. El me agradeció y comenzó a traducir las letras de la canción en turco. Se quedó conmigo hasta que me pude recomponer.

Él estaba muy conmovido por mi reacción a la canción, porque era muy inusual para un kurdo presenciar una respuesta tan emotiva de parte de un turco hacia ellos. Posteriormente, el procedió a llevarnos hasta nuestro destino.

Yo había recibido también un mensaje de parte del Señor que juntamente con nuestra asignación primaria en el río Éufrates, yo tendría que sumergirme siete veces en el río Éufrates. Me pregunté cómo iba a llevar a cabo todo lo que debía hacer con nuestro guía Mehmet estando presente. ¿Qué pensaría el de todo esto? ¿Qué diría? me pregunté.

Durante nuestro recorrido más bien tranquilo, solté "necesito decirte algo". Una vez que tuve su atención le dije "yo estoy aquí para hacer la voluntad de Dios. El me envió aquí". Todo lo que él pudo decir fue ¿Cómo? Yo procedí a explicarle todo lo que había pasado hasta aquel punto, y lo que nos había llevado ir en aquel viaje de misión. Le hablé de las escrituras y de mis visiones, lo que debía hacer allí y el mensaje que necesitaba transmitir.

Yo sabía que habría otras personas en la represa y me habían dicho que podía inclusive haber guardias, por tanto expresé mi preocupación acerca de poder hacer lo que necesitaba hacer sin ser vista.

Como escogido por Dios, él respondió: "no te preocupes, yo seré tu escudo. Tú puedes hacer lo que necesites hacer, y nadie te verá". Cuando llegamos a la represa él se paró a mi lado y me guardó y me cubrió todo el tiempo.

Yo derramé el aceite en el río diciendo lo que Dios me había dicho que declarara: "esta unción y el poder de Dios irá a través del río por todo el camino hacia toda la tierra. En el futuro, en toda el área del medio oriente, los vivos vivirán y los muertos morirán ".

Luego me volteé hacia el norte y leí Ezequiel 38 y 39, y di la advertencia profética a las naciones que se levantarían para atacar a Israel desde el norte.

Luego de que habíamos dejado la represa, nuestro chofer dijo que allí realmente no había ningún lugar en el área donde yo pudiese sumergirme en el río Éufrates de manera segura. El sugirió que fuésemos en las afueras del camino a una cueva cercana donde una vez filmaron un documental. Para conseguirla tendríamos que manejar a través de los campos, el dijo "esto puede perfectamente arruinar la parte de abajo de mi carro, pero yo lo haré por ustedes".

Todas nosotras, las tres mujeres de la Florida conjuntamente con nuestro guía kurdo ahora nos encontrábamos en este vehículo, manejando a través de los campos en el medio de la nada. Su primer intento de manejar a través del campo fue fallido, y vinimos a dar a un campo de sandías donde no había ningún acceso. Manejó de regreso hacia la colina y nos conseguimos en una villa en la cima de la montaña, donde presumo que raramente se veían visitantes, especialmente en automóvil.

Algunos aldeanos rodearon nuestro carro. Alrededor había siete niños de entre unos 11 o 12 años, cada uno con una bicicleta. La cueva de la que Mehmet habló les sonaba familiar a los niños y afortunadamente conocían el camino. Manejando detrás de las siete bicicletas, los seguimos por un sendero sinuoso, llegamos hasta una colina. "no podemos seguir adelante", nos dijeron los niños, pero que si nosotros continuábamos bajando por la colina, veríamos el río.

Mehmet Nos dijo que él nunca habría hecho eso ni siquiera por sus amigos, sus hijos o su madre porque el carro era su única fuente de ingresos; era su modus vivendi. Y agregó que aunque él no sabía por qué él quería hacer esto por mí, lo haría.

Comenzamos a bajar la colina mientras escuchábamos la parte de abajo de su carro hacer muchos ruidos con cada brinco y rozando contra los terraplenes. Así como avanzábamos el valle parecía haber sido tallado con un cuchillo. Del valle se levantaban dos montañas como que si hubiesen sido precisamente cortadas por la mitad desde un pico mucho más extenso. Sobre todo, la escena tenía la apariencia de un espejo en medio de las dos montañas. Una vez que estábamos ya más cerca, entendí que lo que lucía como un espejo era de hecho el río Éufrates. Esa fue una de las visiones más gloriosas y maravillosas que haya tenido jamás.

Llegamos a un área situada por encima de la cueva en la cual el río seguía. Rápidamente entendí que se adentraba. Rápidamente entendí que para entrar en la cueva iba a tener que saltar desde la altura donde nos encontrábamos parados. Sin embargo no iba a ser posible escalar de regreso. Mientras tanto, Amy y el pastor habían descubierto un paso hacia el río, pero era bastante fangoso. El pastor se resbaló en el barro y cayó, por lo que decidió regresar y quedarse allí donde el carro estaba estacionado.

Yo, sin embargo, decidí buscar el camino a través del barro. Este fango no era como ningún otro que yo había visto antes. Era realmente muy grueso y resbaloso como mármol mojado. Mehmet me tomo de la mano y me dijo que confiara en él. "Yo te voy a llevar hasta el río". Seguí sus instrucciones; un pie aquí, otro allá; me dijo exactamente por dónde caminar. Coloqué un pie en la huella que el pastor había dejado cuando se resbaló y el otro en una piedra, entonces otra roca, y otra. Antes de que me diera cuenta habíamos llegado al río.

Me sumergí en el agua completamente vestida. Estaba mucho más fría de lo que yo pensé que estaría. Donde yo entré en el río, fluía una corriente de agua fresca, lo cual hacía que se sintiera mucho más fría aun. En cada una de las siete veces que me sumergí en el agua, usando mi mano izquierda, me impulsaba hacia fuera en una piedra, la escalaba y salía del río. Estaba tan helada que no podía ni siquiera gritar, pero pude entrar y salir todas las siete veces. Bajo el ardiente sol de junio en las praderas, mi ropa se secó en menos de 10 minutos. Yo no hubiera podido hacer algo que parecía tan loco si no hubiese sido por el Señor.

En aquel entonces, yo no sabía ni entendía el significado profético de aquellos actos que había hecho. Más tarde tuve la revelación de que usando el aceite para ungir como un punto de contacto con la unción de Dios, esta fluiría a través del paso del río Eufrates hacia las naciones del medio oriente. Más tarde Dios me revelaría la importancia de este río en las Sendas Antiguas, a través de una visión que me mostró, permitiéndome así entender su significado.

Génesis 2:8-14

"Y Jehová Dios plantó un huerto en Edén, al oriente; y puso allí al hombre que había formado. Y Jehová Dios hizo nacer de la tierra todo árbol delicioso a la vista, y bueno para comer; también el árbol de vida en medio del huerto, y el árbol de la ciencia del bien y del mal. Y salía de Edén un río para regar el huerto, y de allí se repartía en cuatro brazos. El nombre del uno era Pisón; éste es el que rodea toda la tierra de Havila, donde hay oro; y el oro de aquella tierra es bueno; hay allí también bedelio y ónice. El nombre del segundo río es Gihón; éste es el que rodea toda la tierra de Cus. Y el nombre del tercer río es Hidekel; éste es el que va al oriente de Asiria. Y el cuarto río es el Eufrates."

Apocalipsis 22: 1-3

"Después me mostró un río limpio de agua de vida, resplandeciente como cristal, que salía del trono de Dios y del Cordero. En medio de la calle de la ciudad, y a uno y otro lado del río, estaba el árbol de la vida, que pro- duce doce frutos, dando cada mes su fruto; y las hojas del árbol eran para la sanidad de las naciones. Y no habrá más maldición; y el trono de Dios y del Cordero estará en ella, y sus siervos le servirán,"

Apocalipsis 9:14

"diciendo al sexto ángel que tenía la trompeta: Desata a los cuatro ángeles que están atados junto al gran río Eufrates."

Uno de los cuatro ríos llamado Eufrates era también llamado "El Gran Río - El Río Eufrates" en la biblia y este río era usado como la frontera de Dios para Israel y era mencionado en el libro de la apocalipsis varias veces al final de los tiempos.

Este río ha estado corriendo por el jardín del Edén desde el principio de los tiempos antiguos hasta nuestros días. Desatar unción a través de este río hacia las naciones así como a toda el área fue de gran significado.

Yo había completado la misión que me había sido asignada. Así como El me dijo antes, regresaría y oraría y simplemente observaría los eventos desarrollarse.

7

EL AMOR HECHO FUERA EL TEMOR

Nuestro último vuelo de regreso a casa era desde Frankfurt, Alemania hacia Miami. En todos los vuelos de conexión durante aquel viaje yo había tenido que superar mi miedo a volar. Con la ayuda de algunas pastillas para dormir y la confianza en que el Señor me protegería pude completar mi misión.

Una vez que abordamos el último avión, sin embargo, experimente un repentino embate de miedo atacando mi mente. Pensamientos de duda vinieron sobre mí, como que si yo no había completado mi misión, o no había cumplido mi llamado y finalmente que el avión se iba estrellar y yo terminaría muriendo. Ahora, mirando hacia atrás, entiendo que fué un ataque del enemigo tratando de burlar mi mente con mentiras y engaños. En aquel momento, yo estaba tan firmemente atrapada en las garras de mis miedos, que era incapaz de sostener ni siquiera una pequeña conversación, leer un libro o levantarme de mi asiento.

Me había convertido en una con mi asiento, y no tenía ninguna intención de moverme. Sentía que si me movía, el avión se estrellaría inmediatamente. Finalmente decidí cerrar los ojos y tratar de dormir, porque la alternativa de quedarme despierta teniendo todos aquellos pensamientos, durante todo el tiempo que durará el vuelo, parecía muy desalentador.

El sueño no llegaba y luego de dos horas de vuelo el piloto hizo un anuncio. El mapa en la pantalla mostraba el avión volando sobre el Océano Atlántico si ninguna tierra a la vista. El piloto anunció por el intercomunicador que todos los pasajeros debían ajustar sus cinturones de seguridad y no dejar sus asientos bajo ninguna circunstancia. Nos informó que había un intenso huracán camino al sur de la Florida, y que debíamos pedir aterrizar en algún otro lugar en el camino. También dijo que incrementaría la velocidad en un intento de llegar a alguna franja de tierra para aterrizar antes de que el huracán estuviera más cerca. Luego de este anuncio el miedo a morir se adueñó completamente de mi mente. Estaba convencida de que éste era el fin y que el avión no lograría aterrizaría de forma segura.

En ese preciso momento, recibí otro mensaje de Dios. Me dijo que abriera el libro que había traído conmigo. Era el único libro que llevaba conmigo durante el viaje, pero que no tuve oportunidad de leer. Lo obvié porque estaba demasiado estresada y preocupada para abrirlo y poder concentrarme en la lectura.

Entonces lo escuché de nuevo por segunda vez, y obedecí. El libro se trataba acerca de "Las siete iglesias en el libro del apocalipsis". Automáticamente lo abrí en la mitad del libro y leí una sección que se refería a la iglesia de Filadelfia, la cual era la única que demostró el amor del Señor, y la única que permaneció luego que las otras iglesias habían cerrado.

En el pasaje, había un mensaje del Señor para esa iglesia. Lo leí, "no temas. Yo quitaré de tí tus miedos; miedo a lo desconocido y miedo a la muerte. No te puedo prometer que no morirás, pero puedo decirte que mi amor por ti es eterno y que permanecerá por siempre y siempre. Tú más nunca volverás a tener miedo". ("Carta a las siete iglesias" por William Barclay).

En ese preciso momento sentí el amor eterno de Dios por mí, y mis miedos desaparecieron. El mensaje era exactamente lo que yo necesitaba escuchar para calmar mi corazón aterrado y mi mente inquieta.

No era como si yo estuviera sintiendo o entendiendo el amor de Dios por primera vez. Sinó más bien, era el hecho de que El me hubiera hecho abrir y leer aquella sección del libro, para decirme directamente acerca de su eterno amor por mí. El cual milagrosamente me liberó de mi miedo en ese mismo instante. Después de aquello, nunca más volví a tener miedo a volar. Fui liberada de ese miedo tormentoso. El vuelo continuó, y llegamos a nuestro destino antes que el huracán, y aterrizamos exitosamente. Nuestro avión fué el último en aterrizar antes que todos los aterrizajes fuesen cancelados debido a la tormenta próxima.

Cuando pasamos por inmigración y aduanas, le pregunté a un agente si había escuchado alguna noticia acerca del paso del huracán. Me dijo que se dirigía directamente a Coral Springs que es precisamente donde yo vivía para ese momento. Le pregunté si estaba bromeando porque había visto mi dirección en el pasaporte, pero para mi disgusto me respondió con un rotundo "NO". Dejamos el aeropuerto en nuestro carro y nos dirigimos al norte hacia Coral Springs, esperando llegar a casa antes que las condiciones empeoraran. Pero cuando comenzamos a andar, el huracán cambió su dirección y comenzó a dirigirse hacia el sur a lo largo de la costa. Ya no se estaba moviendo más hacia Coral Springs.

La tormenta siguió por toda la línea costera de la Florida, pasó cayo hueso, y entró en el golfo de México, y finalmente tocó tierra en Nueva Orleans. La tormenta causó inundaciones significativas, rompiendo los diques de contención que protegían la ciudad, creando una destrucción inimaginable y numerosas pérdidas de vida. Era el huracán Katrina.

8

DECLARACIÓN EN UNIDAD EN LA CAPITAL

Después del huracán Katrina, Dios me instruyó que mi familia y yo debíamos vender todas nuestras casas. "Ahora es el tiempo de vender y comprar algo en Carolina del Sur" fué el mensaje que recibí. Nuestras casas, la mía, la de mi hijo mayor, y la de mi madre, la cual mi padre le dejó al morir hacía algunos años, todas fueron puestas a la venta. Las tres unidades localizadas en tres comunidades diferentes a lo largo del sur de la Florida, se vendieron comparativamente por los precios más altos en la historia. Ese récord permanece porque inmediatamente después que la venta se com- pleto, explotó la burbuja inmobiliaria y los mercados se vinieron abajo, reduciendo el valor a la mitad en muchas áreas. Durante algunos meses, tuve que vivir en un Town House con mi madre y mis dos hijos.

Recuerdo una visión de ojos abiertos que tuve en el 2004 mientras estaba completamente despierta. Vi un mapa del mundo completamente abierto, pero había áreas negras por todos lados, excepto en el área alrededor de Carolina del Norte y Carolina del Sur al pie de las montañas de Blue Ridge. La luz resplandecía brillantemente allí, pero el resto del mundo estaba envuelto en oscuridad. La revelación que recibí fué que este era el lugar donde los seguidores de Cristo, quienes estaban cerca de él, encontrarían más seguridad para congregarse. El resto del mundo vería el resplandor de su luz allí. Mi familia respondió muy bien cuando les entregué el mensaje. Con el producto de la venta de la casa de mi madre pudimos comprar dos casas en Carolina del Sur.

En el Town House donde todos estábamos viviendo juntos en Florida, convertí el garaje en un estudio y salón de oración. Muchas de mis noches las pasaba en la presencia de Dios.

Entonces recibí otro mensaje de Dios de que volvería a viajar a Turquía en Noviembre del 2006, pero esta vez iría sola. Esta vez el Señor me estaba llevando a visitar iglesias cristianas en Estambul y Ankara. Para ese entonces, no tenía conocimiento de que hubiese iglesias cristianas activas en Turquía, pero mi investigación reveló iglesias en aquellas ciudades que yo podría visitar. El itinerario que Dios me dió para el viaje mostraba que yo debía visitar específicamente iglesias mientras estuviera en Estambul. Entonces iría a Ankara en autobús donde visitaría tres iglesias. La fecha que recibí para el viaje a Ankara fue Noviembre 28, 2006.

Una semana antes de mi planificada salida, recibí un e-mail acerca de un seminario de dos días de cristianos turcos, que tendría lugar en Virginia Beach. Como yo estaba ya planificando visitar algunas iglesias en Turquía, pensé que no sería necesario asistir al seminario en Virginia. Ore y le pregunté a Dios si debía ir, y su respuesta fue "si".

Volé de Florida a Carolina del Sur lo cual me permitió ver nuestras nuevas casas. Y de allí alquilé un carro y manejé hasta Virginia Beach. A mi llegada, inmediatamente me dirigí al seminario. Para mi absoluta sorpresa, los asistentes consistían principalmente en líderes de iglesias en Turquía. Estaban deliberando sobre estas iglesias, algunas de las cuales ya yo tenía en mis planes visitar.

El plan divino de Dios se hacía evidente en su sincronización perfecta de aquel seminario y mi planeada asignación en Turquía. Yo me había comunicado con muchos de esos líderes y había hecho citas para encontrarme con ellos. Sin embargo, habiendo tenido la oportunidad de conocerlos de antemano en persona, me permitió establecer una buena relación con ellos. La programación de mis reuniones tuvo que ser reorganizada un poco luego de mi conversación con cada uno de estos líderes. Ahora estaba en posición de hacer planes sólidos, mucho más de lo que había tenido la oportunidad de hacerlo antes del seminario. Dos días después de mi regreso a Florida, volé a Estambul, y en un día me las arreglé para visitar cada iglesia en mi itinerario.

Estaba presionada por el tiempo, de manera que acorté mi estadía en una de las iglesias en el lado Anatolio, para visitar otras más cerca. En cualquier caso, el pastor me había informado previamente que él había extendido su estadía en los Estados Unidos. Así que él no estaría allí, pero yo era bien- venida de visitarla y conocer a la congregación.

Cuando llegué, el servicio ya había terminado y la gente se había ido, excepto por un hombre llamado Kartal, que estaba dentro sentado orando. Descubrí que él estaba en medio de un divorcio y en necesidad de oración. Kartal remarcó que nadie había orado por él aquel día. Tanto como pude, traté de decir mi primera oración en turco por él. Hasta ese punto yo solamente había orado en inglés y además no estaba familiarizada con la traducción de la biblia al turco. Cuando me hallaba que no podía encontrar las palabras en turco me cambiaba al inglés.

Luego de la oración, Kartal y yo tomamos un taxi hacia la calle Bagdat, una calle muy transitada en Estambul llena de cafés, restaurantes y tiendas. Dentro del taxi, continué nuestra conversación acerca de Dios y nuestras creencias, y noté que el chofer también estaba escuchando atentamente. Su mirada se había apartado del camino y volteaba para mirar atrás hacia adonde estábamos nosotros. Nuestra conversación cambió a Jesús como el verdadero Mesías. Pronto el chofer se salió del camino y detuvo el medidor. Se volvió hacia nosotros y dijo "Ya yo había escuchado estas cosas antes de oírlas de tu boca. No sé cuándo ni cómo, tal vez en un sueño, pero he vivido exactamente este momento con anterioridad". Estaba profundamente sorprendida, pero inmediatamente procedí a compartir el evangelio de Cristo con él. Allí mismo en su taxi, el chofer aceptó a Jesucristo como Señor.

Cuando llegamos a nuestro destino, Kartal y yo estábamos sorprendidos. Junto con su hermana, más tarde Kartal se convertiría en un miembro prominente de un grupo de jóvenes que yo comencé en una iglesia en Estambul. Esa fue solamente nuestra primera experiencia juntos, entre muchas otras.

La noche del 27 de Noviembre, luego de completar todas mis visitas programadas a las iglesias en Estambul, abordé el autobús para viajar a Ankara. Estaba leyendo el periódico cuando noté que el Papa Benedicto había planeado visitar Ankara en Noviembre 28, el mismo día que Dios me había ordenado que estuviese allí.

Ankara es la capital de Turquía y la ciudad donde yo nací y me crié. Dios había ordenado divinamente que yo volviera allí después de haberme cambiado, por la revelación de sí mismo y de su verdad.

Durante el viaje, pasé todo el tiempo pensando en el propósito de la misión y lo que yo creía que era la preferencia de Dios.

Mi pensamiento cambió cuando me pregunté si habría alguna razón por la cual estaba programado que yo estuviera en Ankara el mismo día que el Papa. Decidí no hacer nada hasta que el Espíritu Santo me guiara.

Llegué a Ankara a tempranas horas de la mañana del día 28. Algunos de mis amigos se reunieron conmigo en mis viajes entre las iglesias. La visita del Papa fue transmitida en vivo por el canal de noticias. En cada parada, chequeábamos las noticias para ver su progreso. Durante el día entero, parecía como que si nuestros caminos nunca se iban a cruzar, estábamos viajando hacia los lados opuestos de la ciudad.

Parecía peculiar que mi programa estaba aparentemente arreglado, para no interferir con la visita del Papa.

Después de un día completo visitando iglesias, mi amigo y yo fuimos hacia nuestra última parada, cuando de repente un pequeño grupo de oficiales de policía detuvo nuestro carro y comenzó a levantar una barricada en el camino. Ellos nos dirigieron a nosotros y al carro que venía detrás de nosotros hacia la próxima salida en una ruta de desvío.

Cuando el oficial de policía se acercó a nuestro carro, bajé la ventana, y alegando le dije "no me puedo salir en este desvío porque tengo una reunión muy importante cerca de aquí. Y luego debo regresar a Estambul esta noche para prepararme para volar de regreso Estados Unidos". Luego de escuchar mi argumento, Procedió a dejarnos estacionar a un lado, adelante de la barricada y esperar.

De repente, tuve un sentimiento que me urgía a salir del carro, y así lo hice. Le dije a Serap, una amiga de toda la vida quien estaba manejando, que si nos perdíamos ella me podría encontrar en dos horas en un edificio que yo le señalé.

Una vez fuera del carro, caminé hacia dos oficiales de policía que se encontraban parados en una esquina y les pregunté si el Papa iba a venir por aquella ruta y si esa era la razón para el desvío. Ellos me informaron que del otro lado de la autopista, estaba teniendo lugar una reunión en la Presidencia de Asuntos Religiosos. Luego de la reunión, el Papa viajaría a través de esa ruta. Sin embargo, por razones de seguridad ellos habían escogido cerrar aquel camino donde estábamos nosotros.

Habiendo escuchado aquellos detalles, de repente dije: "que cosa! Si hubiera pasado por aquí tal vez yo hubiera podido tomar una foto". Cuando escuchó esto, el policía dijo ¿"sabes que puedes hacer? Sigue por este camino y te vas a encontrar un puente. Pasa por debajo y sigue caminando hasta que te consigas el edificio donde se están reuniendo. Luego cruza la calle al otro lado. Allí, verás un grupo grande de oficiales. Diles que el oficial Alí te envió. Yo estaba totalmente asombrada. Ni siquiera les había dicho quien era, lo único que hice o les mostré fue una forma de identificación, y el Comisionado de Policía me dijo donde podría conseguir la caravana del Papa. "OK!" Respondí. Pues fue lo único que se me ocurrió decir.

A medida que caminaba hacia esa dirección, no pude evitar pensar que esto era completamente de Dios, y que algo estaba pasando. Pregunté: "si no, ¿porque ellos me habrían permitido venir sin ni siquiera chequearme?" De todas maneras, continué caminando. En aquel punto, ya era casi de noche, Y el cielo había comenzado a oscurecerse. Llegué hasta donde estaba el grupo de policías, tal cual como el comisionado me explicó. Me vieron caminando sola en la autopista vacía, por lo que corrieron hacia donde yo estaba gritándome que me detuviera. "¡Deténgase allí mismo!" una vez que llegaron más cerca, querían saber qué estaba haciendo yo en enese camino y me dijeron que estaba cerrado. "El comisionado Alí me envió, yo estoy aquí para tomar una foto del Papa" les expliqué calmadamente. Se tranquilizaron luego de escuchar el nombre del comisionado. "OK sigamos" dijo el oficial. "Va a necesitar pararse detrás de nosotros y esperar a que salga la caravana".

Parada en la esquina del camino detrás del policía, esperando la llegada del Papa, le hice al Señor estas preguntas: "¿porque me enviaste aquí? ¿Que se supone que haga yo aquí? ¿Cuál es la conexión con el papá? El Señor me respondió inmediatamente diciéndome que yo anunciaría "Su Nombre" proclamando que "JESUCRISTO ES EL SEÑOR, ÉL ES EL HIJO DE DIOS, ÉL MURIÓ POR NUESTROS PECADOS Y HA RESUCITADO Y ESTÁ VIVO. ÉL ES EL ÚNICO CAMINO, LA VERDAD Y LA VIDA. NINGUNO PUEDE IR AL PADRE EXCEPTO A TRAVÉS DE ÉL". Dios también me dijo que en unidad, en el preciso momento en que el Papá pasara por aquel lugar, el también estaría proclamando la verdad. El me dijo que todo el mundo en Turquía tiene que saber esta verdad.

Una vez que recibí ese mensaje, comencé a caminar para un lado y para el otro, proclamando la palabra de Dios, cuando de repente, uno de los oficiales tomó nota y me preguntó que estaba haciendo. "Solo dando vueltas", le dije despreocupadamente. El respondió: "bueno regrese aquí. Hay 10 carros en la caravana; esto es una medida de seguridad. Ellos me van avisar cuál es el carro en el que está el Papa y yo le dejaré saber a usted".

Tal cual como el oficial me había prometido, una vez que los carros comenzaron a moverse el me dijo que el Papa se encontraba en el tercer carro. Tan pronto como el vehículo del Papa pasó frente a nosotros, levanté mi mano derecha y comencé a proclamar la palabra que Dios me dió. No logré ver al Papa porque las ventanas eran oscuras. Sin embargo en ese momento sentí que él me había visto. Creo que me escuchó porque pasó muy cerca de mí. Además, yo era la única persona civil parada allí, con los brazos levantados gritando, quien podría haberse puesto de acuerdo en el espíritu en unidad. Dado que la antigua Turquía es la fuente de muchas denominaciones del cristianismo, ésta era la puerta perfecta para declarar la única verdad de Dios en unidad.

Regresé a Estambul aquella misma noche. Escuché en las noticias que el Papa estaría visitando el museo de Hagía Sofía en Estambul al día siguiente, pero que no se le permitiría orar allí. Siendo un museo sin ningún tipo de afiliación religiosa a alguna mezquita o iglesia, las oraciones no están permitidas allí. Seguí el itinerario de su viaje durante el día y noté que realmente él no oró como lo habían sugerido los noticieros.

Luego de mi viaje misionero regrese a la Florida. Inmediatamente después de mi regreso, mientras me encontraba en la presencia del Señor, recibí un mensaje de que debía regresar a Turquía en el año 2007. Y también me mostró una iglesia la cual yo debía visitar mientras estuviera allí.

Cuando regresé a Turquía en el 2007, fui invitada por una amiga a almorzar. Después del almuerzo ella me sorprendió llevándome al museo de Hagía Sofía. Desde la visita del Papa, yo quería ir al museo el cual yo nunca había visitado en todos los años que viví en Estambul. En lo más profundo de mi corazón, yo sabía que su invitación no era coincidencia y que detrás de todo eso Dios había arreglado para que yo fuera en esta oportunidad. Sin embargo, y a pesar de que yo decidí seguir la corriente y ser guiada en paz, me preguntaba cuál podría ser la razón de mi visita.

Cuando llegamos al museo, estaba muy tranquilo y frío adentro, y a simple vista no vi nada especial allí. Buscamos por un tiempo, pero eventualmente terminamos en el frente donde se reunían todos los turistas. Mi mirada cambió y levanté la vista sólo para ver una pintura que representaba Jesucristo en el techo. Cuando vi el mural, perdí toda la compostura. Luego de un rato, tomé conciencia que había caído sobre mi cara llorando, golpeando el piso con mis manos, y declarando en voz alta diciendo: "este es tu lugar para honrarte, para glorificarte y magnificarte. Yo proclamo que todas las ataduras en este lugar caerán, y que tu gloria será manifestada en este lugar". Entonces me di cuenta que un gran grupo de personas se habían reunido a mi alrededor, y había un ruido muy intenso. Pronto, sentí unas manos que me tomaban por los hombros. Luego de levantarme del piso me senté y gradualmente tomé conciencia de que había cerca de seis o siete oficiales de policía parados allí ¿"ya terminó?" me preguntó uno de ellos con voz de enojo.

Mi amiga les pidió que me disculparan, diciendo que yo sólo estaba orando y yo les explique yo no sabía que allí no se permitía orar. Ellos respondieron: "a ella no le está permitido orar aquí, esto no es un lugar de oración". Yo me levanté y les dije que había terminado, y entonces caminé hacia la salida como que si nada hubiera pasado, más tarde me enteraría, durante mi otra asignación, que el museo Hagía Sofía es uno de los lugares más importantes y sagrados en esa área.

En el 1453, Constantinopla (el Estambul moderno) fue conquistada por el imperio otomano bajo el mando de Mehmet el conquistador. El ordenó que Hagía Sofía, que anteriormente había sido una iglesia fuese convertida en una mezquita. Aunque la condición de la iglesia no era menos que abandonada, la impresión que esto causó en los sultanes era indiscutible. Los sultanes ordenaron que todas las imágenes del cristianismo ortodoxo fuesen removidas o cubiertas de alguna forma. La sensibilidad islámica por el uso de imágenes esculpidas los llevó a cubrir con yeso los murales de dos Serafines, y tapar sus caras con placas doradas.

En el 2009, aproximadamente dos años después de mi visita al Hagía Sofía, las dos placas de yeso que cubrían la cara de los Serafines se romp- ieron y se cayeron, y sus caras quedaron al descubierto. Los Serafines son ángeles que permanecen en la presencia de Dios donde reside su gloria. Luego de siglos, el mural de más de 700 años de estos ángeles finalmente fué revelado. El significado de estos dos ángeles quedando al descubierto es que la gloria de Dios ahora está siendo revelada en ese lugar y a todos los visitantes. No importa si el poder que está quiere llamarlo museo, mezquita o cualquier otro nombre. La presencia de Dios en Hagía Sofía ya no puede ser ocultada.

9

ESTAMBUL. TROMPETA DE ADVERTENCIA

Entre los años 2006 y 2009, viajé a Turquía con cierta frecuencia; dos o tres veces al año.

En el 2006 El me envió al río Ámsterdam y al área de Red Street para derramar aceite y limpiar la ciudad, durante un período que estuve allí en tránsito cuando iba camino a Estambul.

En el 2007 El quiso que yo pasara una noche en París para visitar el Arco del triunfo y orar sobre sus cuatro bases, para proclamar que este lugar sería la puerta principal de Europa y que Dios tiene el poder para abrir y cerrar esta puerta.

Luego en el 2015, me envió a Italia a viajar desde Venecia hasta Florencia, y luego a Roma en tren para limpiar la tierra y proclamar su perfecta línea ley.

Posteriormente yo entendería que estos viajes eran parte de mi asignación de líneas ley con Dios.

En el 2006 Dios seleccionó la iglesia que El quería que yo visitara de nuevo en Estambul y que estableciera allí un ministerio de jóvenes para enseñarles sobre el reino, sobre una relación personal con YHVH y acerca del salón del trono.

En el 2007, luego de uno de estos viajes, mientras volábamos de regreso a casa, con los ojos cerrados descansando en la presencia de YHVH, me vi en una visión soñando el shofar tres veces. Luego recibimos información del Señor con instrucciones de que viajaría de regreso a Estambul muy pronto. Resultó que mi viaje estaba programado para el 29 de Mayo, seis meses más tarde. Me dijo que debía llegar a Estambul antes de la medianoche ese día.

La cantidad limitada de información que recibí fué un poco desconcertante. El propósito de aquel viaje era un misterio para mí. ¿Por qué esa fecha en particular; y cómo podría yo tocar el Shofar? Asumí que el resto me sería revelado a su tiempo. Luego de regresar a la Florida, fui a reunirme con el pastor "P" en mi iglesia, y discutimos lo que había escuchado de parte del Señor. Mi mayor preocupación era con respecto al shofar. ¿"Como iba yo a viajar con un shofar grande? El contestó "cómprate uno pequeño".

Posteriormente, fui a la tienda de intercambio y conseguí una tienda israelí que vendía Shofares.

Compré uno pequeño y lo traje a casa. No importa cuánto traté, no podía hacerlo sonar. El pastor propuso que debía practicar, pero como el sonido puede ser un poco alto, el insistió en que practicara en la iglesia cada mañana, y así lo hice.

Para aquel tiempo, había un avivamiento teniendo lugar al norte de la Florida, y venía gente de todas partes del mundo. Dios me permitió asistir y llevé mi Shofar conmigo. A mi llegada a la conferencia conseguí un asiento. Mientras esperaba vi tres judíos mesiánicos vestidos tradicionalmente, cada uno de ellos llevando un Shofar muchísimo más grandes que el mío. Habiendo superado la impresión de verlos con sus Shofares, escuché a Dios decirme que les hablara. Caminé hacia ellos y les expliqué que estaría viajando a Estambul en los próximos meses para sonar el Shofar, y que difícilmente había aprendido como hacer sonar el mío. Ellos me rodearon y ungieron mi Shofar y oraron. Entonces me pidieron que lo tocara, que tratara de hacerlo sonar. Desde aquel día, puedo tocar el Shofar.

Hasta casi tres meses antes de salir para Estambul, todavía estaba insegura del propósito de mi asignación. Mientras tanto, visite a una amiga y le dije de mi próximo viaje el 29 de Mayo y que por alguna razón el Señor quería que yo estuviese allí antes de la medianoche. Ella me miró intrigada mientras yo continuaba compartiéndole mi visión acerca del viaje, y de que yo debía tocar el Shofar tres veces en Estambul.

Le dije que en mi visión yo me encontraba parada en la cima de una colina, y que abajo había agua y unas escaleras que conducían a un camino. Sin embargo yo no tenía idea de dónde se encontraba ubicado este lugar.

Mi amiga me informó que el día de mi llegada a Estambul marcaba el aniversario histórico de la invasión otomana a Estambul. La coincidencia captó mi interés. Inmediatamente al llegar a casa, comencé a investigar en el internet buscando mayor información en referencia la celebración del día de la conquista de Estambul que tuvo lugar el 29 de Mayo. Un vídeo en particular llamó mi atención en YouTube. Mostraba fuegos artificiales al fondo, viniendo de una colina cerca de la costa. Lucía exactamente como lo que yo había visto en mi visión. Terminó siendo la colina Pierre Loti en el área Halic de Estambul, conocida para muchos como el cuerno dorado (Golden Horn). Ese fué el punto exacto donde los barcos invasores otomanos llegaron primero para tomar la ciudad.

Con aquel conocimiento, llamé a mi amiga Yildiz que me acompañaría durante mi estadía en Estambul y arreglé para que ella me recogiera en el aeropuerto. Yildiz sabía que yo no tenía idea de adonde iría luego de aterrizar en el aeropuerto. Por tanto cuando le relaté mi visión, y acerca de la conversación con mi amiga, y mis investigaciones en el Internet que finalmente revelaron la ubicación de hacia dónde me debía dirigir, me respondió con un grito.

En principio, su emoción me resultó un poco misteriosa, hasta que me explicó que temprano ese mismo día ella había estado sintiéndose nostálgica porque cuando era una niña pequeña su padre acostumbraba a llevarla de paseo a la colina Pierre Loti. Ella hasta había pensado en viajar hasta allá, solo para experimentar aquel sentimiento de nostalgia nuevamente.

La sincronía era abrumadora. Ambas estábamos convencidas de que esto era una gran confirmación de parte de Dios. Yo supe entonces por qué debía viajar a la colina de Pierre Loti el 29 de Mayo pero no había entendido por qué debía tocar el Shofar allí tres veces.

Pocos días antes de mi viaje, recibí un mensaje del Señor dándome la palabra que yo debía proclamar cada vez que sonara el Shofar. Había un mensaje que acompañaría cada sonido del Shofar. Fué sólo entonces cuando comencé a entender el significado subyacente de los mensajes y su conexión con la celebración de la invasión de la ciudad de Constantinopla.

El día de mi viaje llegué al terminal del aeropuerto internacional de Miami para abordar un vuelo de Alitalia. Desde la ventana de la sala de espera la vista era bastante sombría, mientras observaba ambas puertas a cada lado de los motores completamente abiertas y el compartimiento del mo- tor completamente expuesto con varios cables de colores y mangueras exhibiéndose. Un trabajador debajo del avión estaba tratando de cerrar la puerta del equipaje pateándola, para asegurar las pertenencias de los pasajeros que viajaban. Conjuntamente con otros pasajeros miré asombrada Y cautelosamente dije: ¿"esto es lo que nos va a llevar a cruzar el océano?" Inmediatamente después el personal de a bordo anunciaba que el avión había tenido un problema en el motor y que no estaban seguros si el viaje sería cancelado. Por algunos momentos entré en pánico pensando: "¿cómo voy a llegar a Estambul antes de la medianoche?".

Luego me reafirmé a mí misma: "porque me voy a preocupar si este viaje realmente es de parte de Dios. El me va a llevar allá antes de la medianoche sin importar cómo". Por tanto, sólo me senté allí a descansar y los miré corriendo de un lado para otro. Inmediatamente después de aquel anuncio vino otro. Esta vez estaban llamando a alguien para que se reportara en el mostrador. Resultó ser que un ingeniero de Alitalia estaba a bordo de nuestro vuelo, y le estaban pidiendo que echara un vistazo al motor para agilizar la reparación.

Después de algún tiempo, abordamos el avión y cuando llegamos a Italia, me dí cuenta que debí haber dormido durante todo el vuelo. Todo el mundo se apresuró al mostrador para tratar de tomar un vuelo de conexión a sus destinos. Nuestra llegada retrasada resultó en una marea de personas amontonadas frente al mostrador, peleando por adelantarse el uno al otro. Resultó que yo era la última persona de mi vuelo en llegar al mostrador y me informaron que el último vuelo a Estambul estaba lleno. Mi respuesta fue: "no me importa si tengo que caminar o correr, pero debo llegar a Estambul antes de la medianoche. Por tanto le sugiero que me consiga una conexión para llegar a mi destino. Por favor vaya y chequee de nuevo, encontrará un asiento para llevarme allá antes de la medianoche". El encargado de la recepción un poco nervioso, corrió hacia adentro en pánico. Cuando regresó, tenía un asiento para mí en aerolíneas turcas. Cuando finalmente aterrice en Estambul, eran las 11:15 de la noche. Faltaban solo 45 minutos para la medianoche.

Yildiz y su chofer habían estado esperando que yo llegara por cerca de dos horas. Por supuesto, mi equipaje no podía ser localizado por ningún lado, y el tiempo era esencial. Gracias a Dios yo tenía el Shofar conmigo en mi equipaje de mano, de manera que manejamos directamente a Pierre Loti. Yo esperaba encontrar el lugar atiborrado de gente y con mucho ruido por los fuegos artificiales de la celebración. También esperaba que pudiera haberme escondido detrás de un árbol, en la cima de la colina y tocar el Shofar sin que nadie lo notara. Cuando llegamos, mis expectativas desaparecieron completamente. Pierre Loti estaba desierto. Los fuegos artificiales se habían acabado y todo el mundo se había ido a sus casas. Era casi la medianoche y yo no estaba segura de a dónde ir. Me había imaginado un parque abierto al público con una colina que divisaba la entrada de Haliç.

Toda la orilla del acantilado estaba repleta de restaurantes. Para evitar que Yildiz se metiera en problemas por mí, le pedí que esperara en el carro. No estaba segura cómo llegaría a ese lado de la acantilado. Luego que ella regreso al carro, valientemente comencé a caminar hacia los restaurantes como si supiera hacia dónde iba. Divisé un basurero entre dos de los edificios y me dirigí hacia allá. Una vez allí, vi las escaleras de mi visión que se dirigían hacia abajo del acantilado, el cual llevaba hacia la entrada. Una vez en el acantilado saqué mi Shofar y dí el primer sonido entonces declaré: Dios dice "esta tierra es mi tierra no de ustedes. La victoria es mía, no de ustedes" ese fue el primer mensaje.

Luego del segundo sonido, declaré: "he aquí que vengo pronto. Arrepiéntanse". Justo antes de sonar el Shofar por tercera vez, miré hacia abajo y vi que debajo de la colina, a un lado, había un cementerio el cual había estado allí desde los días del imperio otomano. Esa revelación fué impactante para mí en ese momento. Después de una breve pausa, hice sonar el Shofar por tercera vez y última vez y proclamé poder de resurrección sobre la cidad y la nación. En ese día, instruida por Dios, desaté tres proclamaciones en la atmósfera y por el sonido de la trompeta, la cual lleva la voz de Dios. Dios me dió advertencias para el espíritu del imperio otomano antiguo que quiere regresar a la tierra.

Una vez que completé mi asignación, caminé de regreso al carro de Yildiz y regresamos a casa. Al día siguiente vi en los periódicos que la celebración de la noche era el 555 aniversario de la conquista por el sultán Fatih Meh- met de Estambul de manos del imperio Bizantino. En numerología cristiana, el número 5 significa la presencia de la mano de Dios y también es el número de Su Gracia.

El 555 había sido profetizado con respecto a mí anteriormente. Era impresionante haber completado aquella asignación en un tiempo como éste. Hice algunas cuantas cosas en Estambul y entonces regresé a mi casa en el sur de la Florida.

Aproximadamente nueve meses después de aquella asignación, yo estaba en casa mirando las noticias de la conferencia anual del foro económico mundial que estaba teniendo lugar en Davos, Suiza. Líderes de muchas naciones habían sido convocados, incluyendo el primer ministro turco. Mientras el primer ministro israelí daba su discurso, el primer ministro turco lo confrontó y luego salió furioso de la conferencia. Nada como esto había pasado nunca antes en la historia de nuestra nación. En ese momento escuché al Señor decir: "el espíritu del antiguo imperio otomano ha regresado". Luego de la conferencia vi las noticias turcas, gente en el aeropuerto dándole la bienvenida al primer ministro, con pancartas que leían: "damos la bienvenida a nuestro sultán", y "el último sultán" entre otras terminologías similares.

Cinco años más tarde en Mayo del 2013, estaba de nuevo en Estambul quedándome en un apartamento alquilado. No me sentía bien porque estaba resfriada, por tanto decidí quedarme allí y ver la televisión durante el día. Me topé con un Show llamado "La bofetada otomana" que se refería a una técnica de pelea usada por los soldados otomanos. El Show era basado en dos jenízaros otomanos (Unidad de infantería élite), que guardaba la casa del sultán y que de alguna manera eran teletransportados en el tiempo al Estambul en la actualidad. El Show captó mi interés de tal manera que me quedé viéndolo. En los primeros episodios se descubrió que el espíritu del alma del sultán Fatih Mehmet, El conquistador de Estambul, había regresado y estaba viviendo en un joven llamado Fatih. Mi interés creció. En los episodios subsiguientes los tres jenízaros viajaron a un sótano siguiendo algunos túneles que conducían a un cofre. Dentro de aquel cofre había un

"Firman" (Un decreto Real por un gobernador islámico) el cual al abrirlo encontraron unas instrucciones.

Siguiendo esas instrucciones paso por paso, caminaron por el casco histórico de Estambul. Lo veía asombrada esperando ver dónde terminarían. Para mi gran sorpresa, su viaje terminó en la colina de Pierri Loti. Ellos caminaron por las mismas escaleras por las cuales yo caminé en el 2008 y se pararon en el mismo pavimento sobre el acantilado. Un cañón fue descubierto en la misma ubicación donde yo hice sonar el Shofar tres veces. Para mi asombro habían lanzado tres bolas de cañón declarando que el espíritu del sultán Fatih Mehmet había regresado. Fué impactante ver aquella película, ellos terminaron en el mismo lugar e hicieron lo mis- mo que yo había hecho. Excepto que en vez de proclamar el territorio para el Señor y darle la advertencia al espíritu del imperio otomano como yo lo hice, ellos celebraron y anunciaron el retorno de ese espíritu.

Era como que si alguien hubiese observado lo que yo hice y lo hubiese repetido pero en reverso. ¿Que estaba Dios tratando de decirme? Llame a mis amigos y cada uno empezó a orar por claridad. Aquella noche nos reunimos en mi apartamento para ver la película. Luego que todo el mundo se fué, no pude pegar un ojo para dormir. Volví al computador para ver si ellos habían publicado el próximo episodio. Allí estaba. El nuevo episodio tomaba lugar en la celebración del año 560 de la conquista de Estambul por el sultán Fatih Mehmet.

Me trajeron de regreso por un momento. ¿Cómo podría ser en el año 560? Pensé para mí misma, fué en el año 555. Pero entonces me di cuenta que habían pasado cinco años. Entendí también que estábamos en mayo, solo unos días antes del 29. Esto tomó lugar 5 años después del aniversario 555 del quinto mes del año.

Me quedé despierta toda la noche en la presencia de Dios pidiéndole una explicación sobre todo el asunto. Dios me mostró tres personas haciendo sonar el Shofar en la misma colina el próximo día de celebración.

Tendría que ser tres personas que viajaran a la montaña de Nemrod, pero explicaré esto un poco más tarde. Iríamos a Pierre Loti y esta vez haríamos solo una de las tres declaraciones que yo había hecho cinco años antes. Declararíamos el poder de resurrección sonando el Shofar tres veces.

Fuimos al mismo lugar durante los fuegos artificiales de la celebración y sonamos el Shofar, proclamando el poder de resurrección sobre la ciudad y la nación. Tres días más tarde había una protesta masiva en contra del gobierno de Turquía que captó toda la atención internacional. La protesta comenzó porque el gobierno intentó cortar un árbol en la plaza Taksim para reconstruir una mezquita y una vieja barraca militar otomana en el Parque Taksim Gezi.

Muchos llamaron esto "el despertar" para el pueblo de Turquía. Sin estar conscientes de lo que ellos estaban haciendo, el pueblo de Turquía se levantó en contra de este espíritu otomano sobre la nación. Tres días luego de tocar el shofar y proclamar el poder de resurrección sobre la nación, el espíritu del pueblo turco volvió a la vida.

10

MENORAH SOBRE SIETE COLINAS

En Mayo del 2009, exactamente un año antes de que yo hubiese sonado las tres advertencias del shofar al espíritu del imperio otomano en Haliç, Estambul, recibí una visión de ojos abiertos de parte de Dios mientras oraba con mi grupo de jóvenes. En mi visión vi una menorah de siete brazos sobre la ciudad antigua de Estambul.

La menorah es descrita en la Biblia como el antiguo candelabro hebreo de siete lámparas (seis ramas), hecho de oro puro y usado en el tabernáculo de Moisés (éxodo 25:37). Es una representación de los Siete Espíritus de Dios (apocalipsis 4:5).

La visión era bien misteriosa para mí al principio, pero Dios me dijo que necesitaría regresar a Estambul en Noviembre del mismo año 2009. Por tanto, en obediencia, hice los preparativos para regresar a Estambul el 10 de noviembre.

Antes de viajar, Dios me reveló que hay siete colinas en Estambul, y Él quería que se encendiese una vela en cada una de ellas. Similar a otras ciudades tales como Jerusalén y Roma, yo siempre había escuchado que Estambul también era conocida como la ciudad de las siete colinas. Sin embargo, nunca fui lo suficientemente curiosa como para investigar el lugar preciso donde se encontraban aquellas siete colinas.

Luego de recibir esa visión, investigué y marqué con puntos la ubicación de las siete colinas en un mapa de Estambul. Pronto descubrí que al conectar los puntos se revelaba la imagen de una menorah. Inmediatamente tuve confirmación de parte de Dios que Él quería que yo viajara a las siete colinas para encender las velas. Compré siete candelabros, cada uno de los cuales podría ser anexado a las puntas de las ramas de una menorah.

En ese momento, yo sabía que encendería las velas, pero no sabía lo que Dios quería que yo proclamara con aquel acto profético. Le pregunté a Dios quién me acompañaría y él dijo Yildiz, por lo que la llamé y le informé de su nueva asignación. Estaba decidido que iríamos con el mismo chofer que nos llevó a Halic para tocar El Shofar el año anterior.

El día antes de mi vuelo a Estambul, recibí un panfleto de uno de los ministerios a los cuales estoy suscrita. El título que leía: "siete montañas" inmediatamente captó mi atención. El artículo describía siete áreas en la vida de los creyentes donde Dios deseaba que su gloria brillara para afectar y cambiar al mundo; negocios, educación, medios, familia, arte y entretenimiento, gobierno y religión. Con esa información mi asignación se hizo mucho más clara. Dios me mostró y me pidió que proclamara que su gloria viniera sobre estas 7 áreas de la humanidad. Por medio de estos siete actos proféticos, Dios desataría su gloria para activar la unción a través de la ciudad y la nación.

Manejamos desde una colina hacia la otra, encendiendo cada una de las siete velas y haciendo las declaraciones. La colina donde encendimos la vela para los medios fué la de más difícil acceso, lo cual hizo que completar nuestra asignación fuese todo un reto. Había mezquitas en la mayoría de las colinas, pero a diferencia de las otras ésta estaba cerrada por renovaciones. También era uno de las los lugares habitados por un mayor número de fundamentalistas islámicos, por lo que debíamos ser extremadamente cuidadosas para no llamar mucho la atención. Difícilmente pudimos conseguir un lugar para prender la vela y orar.

Camino a nuestra asignación, recibí una llamada de uno de los pastores. Me dijo que una reunión especial había sido programada para esa tarde y me preguntó si yo podría asistir y traducir para los pastores visitantes de los Estados Unidos. Sin ni siquiera preguntar quiénes eran los pastores que venían de Estados Unidos acepté inmediatamente.

El pastor que me llamó también me dijo que había sido informado por uno de los pastores en la iglesia de Estambul, que yo estaba encendiendo velas en las siete colinas. Me envió la dirección del Hotel donde tendría lugar la conferencia y antes de colgar, me informó que el pastor invitado era un evangelista de renombre mundial. El pastor dijo que el evangelista se dirigía a Estados Unidos y que en su camino paró una noche en Estambul para ministrar en la conferencia.

Interesantemente, yo había conocido a este evangelista anteriormente y le había preguntado si tenía planes de visitar Turquía algún día. En ese momento me dijo que no tenía planes de ir allí. Encontré bastante divertido que allí estaba él en Estambul, la misma noche de mis asignaciones.

Aproximadamente 15 minutos después que el pastor y yo colgamos, me llamó nuevamente. Me dijo que había hablado con el evangelista y le había informado acerca de mi asignación. El pastor me preguntó si yo sabía el tópico de la reunión. Por supuesto que no, pensé para mí misma. ¿Cómo podría, si recién me acababa de enterar de la conferencia? "No" fue mi simple respuesta.

Entonces el pastor dijo: "enciende las velas". Qué increíble y estratégico es nuestro Dios!

Luego de haber completado nuestra asignación en las siete colinas, asistimos al evento el cual tuvo lugar en el primer piso del Hotel. Esa noche, terminé no siendo su traductora. Sin embargo fui una de las intercesoras de la reunion.

11

PENÍNSULA DE YUCATÁN LÍNEAS "LEY" Y ADVERTENCIAS.

Entre el año 2009 y 2013, viaje varias veces a Estambul. Mi amiga Beste me permitió usar un espacio de oficina del cual ella era dueña, en la esquina de Taksim Square. Terminé usando la oficina como un apartamento tipo estudio, aunque allí había una cocina pequeña pero no había calefacción o aire acondicionado. Durante el invierno usé calefacción portátil para calentar el espacio. Algunas veces tenía tanto frío que tuve que recurrir al uso de bolsas de agua caliente en mi cama. Éste lugar se convirtió en mi base de operaciones cada vez que iba a Turquía por largos periodos de tiempo.

Durante mi estadía en Estambul, establecí un grupo de jóvenes en la iglesia a la cual asistía. Y pude ministrar a la gente joven y a sus familias.

El 2 de Enero del 2012 me encontraba todavía en Taksim Square, Estambul, cuando mi mejor amiga Beste vino a verme. Me informó que ella tenía una membrecía en un Resort de tiempo compartido y me pidió que la ayudara a encontrar algún lugar para ir de vacaciones. Buscamos hasta que conseguimos uno que le gustara en Cancún, México. Luego de hacer sus reservaciones de Hotel y vuelos, insistió en que yo viajara con ella. Decliné cortésmente, pensando que yo solo viajaba para Dios y sus propósitos y que andar deambulando por allí por el simple placer de hacerlo, no era algo que me interesara. Sin embargo, "NO" no era la respuesta que ella estaba dispuesta a aceptar, por lo que continuó insistiendo y yo finalmente acepté.

Decidimos compartir la habitación del Hotel y me las arreglé para conseguir un asiento en el mismo vuelo. Luego de haber hecho los arreglos, Beste se fué tan rápidamente como vino.

Ya sola, me dió curiosidad y comencé a preguntarme de dónde se había originado aquella idea del viaje y con tal espontaneidad. Me puse a buscar información acerca de Cancún y su cultura. Y descubrí que las pirámides mayas están localizadas en Cancún, y que 2012 era de gran significado de acuerdo al calendario Maya. Comencé a entender que había un propósito de Dios escondido detrás de este viaje tan improvisado. El pensamiento que vino a mi es que Dios podría querer usarme para hacer algún acto profético allí, así como él ya lo había hecho antes, derramando aceite y sonando el Shofar. Entonces me pregunté cómo podría hacer con Beste allá si este viaje era una asignación de Dios.

Unos días más tarde, Beste me llamó y me dijo que su esposo quería acompañarnos en este viaje. Despreocupadamente le dije: "no te preocupes, yo voy a buscar otra habitación para mí". Entonces comencé a sentirme un poco menos entusiasmada acerca de lo que aquel viaje podría representar.

Poco tiempo después, fuí almorzar con unas amigas; Beste y mi amiga Yildiz entre ellas. Ellas se conocían entre sí, aunque no mucho. Por supuesto Yildiz había estado conmigo en las asignaciones anteriores de Dios, y ella había recibido a Cristo como su salvador y se había bautizado. Una vez que le dijimos a todo el mundo acerca de nuestro viaje a México, Yildiz inmediatamente anunció que ella quería venir con nosotros. Yo me sorprendí Yildiz nunca había viajado al exterior y especialmente a lugares como Cancún. Sin embargo, habiendo recientemente perdido a su madre y a su esposo, pensé que estaba necesitando un escape.

Una vez que la sorpresa se disipó, yo estaba un poco aliviada de que ella nos acompañara. Me imaginé que sería un poco extraño para mí sonar el Shofar o hacer cualquier cosa para Dios con Beste y su esposo estando presentes. Sin embargo, con Yildiz allí, no tendría ninguna preocupación. Esto era el plan de Dios. Era imposible, por experiencias pasadas, no darse cuenta de lo que Él estaba orquestando.

Estaba todo arreglado para que Yildiz, Beste y su esposo volaran a Florida y nos consiguiéramos allí. Y luego todos volaríamos de allí a Cancún.

Regresé a Florida antes que ellos. La primera noche que llegué a casa, soñé que estaba caminando sola por un camino sin nada a la vista. De repente, sentí como si unas extrañas criaturas comenzaron a mordisquear mis piernas con creciente intensidad como que si me las fueran a arrancar. Sin embargo, cuando miré hacia abajo no pude ver nada. Entonces, escuché una voz decir: "muévete hacia el otro lado de la cama". Miré hacia abajo de nuevo y vi una línea delante de mí. Salté hacia el otro lado de la línea y la punzante sensación se detuvo inmediatamente. Ya no estaba en peligro de sufrir ningún daño.

Toda la noche en mi sueño, el Espíritu Santo continuó enseñándome acerca de la existencia de líneas invisibles las cuales separan lo bueno (justo, luz) de lo malo (maldad, oscuridad). El me mostró que yo necesitaba permanecer dentro de las fronteras de sus líneas de justicia, de otra forma el enemigo desde el mundo espiritual podría atacarme. En el sueño, yo vi que estaba dormida en una cama con sábanas blancas, y el Espíritu Santo me decía que permaneciera en la cama y que no me levantara hasta la mañana siguiente. Mientras aún en el sueño, me desperté la mañana siguiente y entré a una habitación llena con rayos de luz y líneas que venían provenientes desde la ventana a través de las cortinas verticales.

Antes que despertara de mi sueño, fui instruida para llamar a Amy. La llamé tan pronto como me levanté y compartí los eventos de mi viaje y de mi sueño. Antes de que yo pudiera finalizar la última frase, me gritó con gran entusiasmo: "oh Dios mío, oh Dios mío". Su entusiasmo repentino me llevó a preguntarle qué estaba pasando. Amy me contestó que la semana anterior la Dra. Deborah de nuestro grupo de oración mencionó algo acerca de las líneas "ley". Entonces ella se acordó del libro que había comprado cuando ambas asistimos a una conferencia en Miami. Y pasa explicarme que la noche anterior finalmente había conseguido el libro después de haberlo estado buscando febrilmente por toda la casa durante tres días. Acordamos que Amy, la doctora Deborah y yo, necesitábamos reunirnos urgentemente..

Nos reunimos al día siguiente, y en otras varias ocasiones. Durante nuestra primera reunión, compartí mi sueño y los hallazgos de mi investigación, así como mi próximo viaje a México. Comenzamos a orar por claridad en relación a las líneas "ley". Dios nos reveló que mientras permaneciéramos dentro de las fronteras de sus líneas y dentro de su tiempo Delta el cual nos conecta con su presencia y nos mantiene en un cronograma perfecto, estamos a salvo de la exposición de ser dañados por ataques espirituales.

Entre otras formaciones las líneas ley toman una figura triangular denominada "las líneas Delta de Dios". El triángulo tiene la equivalencia a estar bajo el tabernáculo de Dios, donde estamos seguros bajo su protección y en alineación con su perfecto plan y tiempo para todas las cosas concernientes a nuestras vidas. Por medio de la oración también se nos fué revelado que las líneas ley son portadoras del poder sanador de Dios.

Más tarde profundizaremos acerca de los aspectos sanadores de las líneas ley a través de investigaciones y revelaciones adicionales. Posteriormente, Dios me dió su estrategia y sabiduría para entender cómo orar y declarar sanidad sobre muchas aflicciones. A través de estas oraciones, tres jóvenes fueron sanados de enfermedades mentales. Y un esquizofrénico también fué sanado. Yo he invertido mucho en mis estudios y también en oración, pasando mucho tiempo en la presencia de Dios. Esto fué hecho para obtener su autoridad desde los cielos, en preparación para el viaje de las asignaciones de las líneas ley. Llegó el mes de abril y fué el tiempo de viajar a Cancún, México.

Yildiz, Beste y su esposo todos volaron a Florida, y de allí partimos hacia

Cancún. Beste nos informó que ya ella nos había registrado para un Tour a las pirámides mayas. El estudio acerca de las líneas ley había consumido todo mi tiempo a tal punto que no había podido echar un vistazo a las pirámides o preguntar por algún tipo de asignación específica en esa área.

Una vez que nos registramos en el Hotel, comencé mi investigación acompañada por Yildiz. Rápidamente nos dimos cuenta que las pirámides estaban construidas en línea y que seguían una curva la cual tiene una línea ley en formación con la península de Yucatán.

Llegado a este punto, el propósito de nuestro viaje se hizo evidente para mí. Mientras estaba en la presencia del Señor, él me mostró que yo viajaría a las pirámides y derramaría aceite de ungir para limpiar. Yo también debía sonar el Shofar para advertir al enemigo en esas localidades y declarar que Sus justas líneas ley y Su luz y vida serían establecidas en esos lugares. Las antiguas líneas impías de oscuridad serían limpiadas y sus portales (caminos) y puertas, cerradas.

A la mañana siguiente, nos embarcamos en el viaje como un grupo. Había multitudes de personas, turistas y lugareños por igual, y no faltó gente rodeando cada pirámide que visitábamos. Yildiz y yo nos separamos de Beste y su esposo. En cada pirámide que visitamos yo derramé del aceite para ungir y declaré que el área era limpiada de la energía de los campos magnéticos impíos. Entonces hice sonar el Shofar. Como la multitud era muy grande, ni una sola persona pareció notarnos o escuchar el sonido del Shofar y nadie preguntó qué estábamos haciendo allí. Parecía como si fuésemos invisibles. Una de las últimas ruinas que visitamos fué la del templo de Kukulcán en la ciudad de Chichén Itzá. La pirámide tenía 91 escalones en cada lado, totalizando 365 y era usada como un calendario por los mayas. Fué construida en honor a la serpiente emplumada Quetzalcóatl lo cual significa Kukulcán en el lenguaje maya. Los mayas creían que la serpiente se deslizaría hacia abajo por los escalones para fertilizar o bendecir la tierra. En la base de una de las escaleras, había dos figuras de cabezas de serpiente con sus bocas abiertas. Luego de que termináramos en este lugar, Dios me dijo que prestara atención a la dirección hacia adonde estas cabezas de serpiente apuntaban.

Estaban apuntando hacia el norte. "El nos dirigió a seguir ese paso yendo hacia el norte. Mientras más lejos caminábamos menos turistas nos rodeaban. Pronto nos encontramos en una pequeña villa donde no había turistas a la vista. Nos dirigimos a una calle muy estrecha con nativos sentados en el piso a cada lado del camino. Casi todo el mundo estaba haciendo tallas de madera. Habían tallas de serpientes, demonios y similares. Casi inconscientemente, alguna de las personas hacían ruidos como silbidos mientras tallaban cada pedazo de madera.

Mientras caminábamos una al lado de la otra, con determinación, por entre las angostas calles sin decir una palabra, repentinamente nos vi vestidas con una armadura plateada caminando como hacen los soldados. Le dije a Yildiz lo que había visto y ella dijo que había visto lo mismo.

Al final del camino, nos conseguimos con un pozo grande que parecía como un pequeño lago. Era de color verde y había una cinta amarilla colocada alrededor del perímetro haciendo imposible acercarnos más. Supimos que el pozo era el lugar donde eran echados los cuerpos sacrificados en el templo. Dios me dijo que derramara aceite dentro del pozo de manera que fluyera hacia abajo, en las aguas subterráneas. Yo no podía acercarme al pozo por la cinta amarilla que lo rodeaba. Yildiz se ofreció voluntariamente para cruzar la línea y derramar el aceite y yo estuve de acuerdo. Sin embargo, cuando ya se disponía a pasar por debajo de la cinta, Dios me dijo que eso era una línea ley y que nosotros no debíamos cruzarla. "¡No vayas!" exclamé. "Debemos quedarnos detrás de esta línea". Tiré la botella con el resto del aceite dentro del pozo. Luego que la botella cayera en el agua, dos iguanas gigantes salieron de cada lado del pozo silbando y merodeando, mirándonos directamente. Menos mal que ella no cruzó la línea, pensé. La impresión de ver esas dos iguanas saliendo del agua hubiera podido provocar que Yildiz se cayera al pozo. Dejamos la villa y comenzamos a caminar de regreso hacia el grupo.

Sólo unas pequeñas ruinas quedaban pendientes de nuestra lista y el grupo había decidido no ir. En su lugar habían planeado caminar por el campo y terminar en la playa. Yildiz y yo pensamos también no ir a esas ruinas dado que ya habíamos visitado lo que creíamos que eran las más importantes. Pero entonces Dios me dijo que debíamos ir, especialmente ya que más nadie iría. Entonces me aparté del grupo nuevamente y caminé hacia lo espeso del bosque. En un instante salimos a un claro en medio del bosque con cuatro campos separados por un camino en forma de "T", casi como un "PARE" (STOP) de cuatro vías.

Podríamos ver las ruinas en el campo a nuestra extrema derecha. Una vez que nos acercamos pude ver una iguana gigante observándonos desde la cima de las ruinas. No aparto su mirada todo el tiempo mientras yo estuve derramando el aceite. Dios me dijo que ellos eran los "vigilantes".

Caminando de regreso, vimos unas ruinas pequeñas detrás del campo en el lado opuesto. Sentí que tenía también un significado espiritual. Sin embargo Dios me dijo que no cruzara la línea ley que conducía a ese campo. Mientras estábamos parados allí examinándolo desde lejos, un hombre vino caminando hacia nosotros. Mientras tres de nosotros nos quedamos allí parados le pregunté si él sabía algo acerca de aquellas ruinas. Nos dijo que habían sido recientemente descubiertas como un cementerio con cientos de esqueletos pertenecientes a la gente que era sacrificada en el templo cercano. Luego de hablar con nosotros brevemente, continuó su camino.

Entonces Dios nos dijo que nos volviéramos en esa dirección y que sonáramos el Shofar y proclamáramos un cambio en las líneas y en los campos energéticos. Proclamamos la luz de Dios y la vida de Dios en todo aquel lugar. Inmediatamente después que terminamos, miramos hacia atrás hacia el campo y estaba repleto de iguanas, tantas que no hubiese habido espacio para caminar. Había iguanas pequeñas, medianas unas y muy grandes otras las cuales no habíamos visto allí hasta entonces. El sonido del Shofar y las palabras que fueron desatadas parecía haberlas agitado. Entonces regresamos y nos unimos al grupo. Inmediatamente después de eso, viajamos de regreso a Florida.

Cuando regresamos a Florida, se me indicó continuar con mi investigación. Recordé que en nuestro viaje alrededor de Cancún y de la península de Yucatán habíamos tomado un bote que nos había llevado por algunos túneles subterráneos. En esa región los túneles atraviesan entre las pirámides mayas y fueron construidos a propósito debajo de las ciudades. En ese momento yo no pensé mucho acerca de la razón de su existencia. Sin embargo, más tarde supe que los túneles jugaban una parte integral en la adoración de los dioses mayas tal como Quetzalcóatl.

Ofrendas sacrificiales eran hechas en templos tales como el Kukulcán donde los corazones de aquellos que eran sacrificados eran arrancados de sus cuerpos. Los cuerpos de los muertos eran entonces dispuestos en un pozo, dejando que su sangre fluyera en el suministro de agua y hacia los túneles debajo de la tierra. Fué durante mi investigación que Dios me reveló el significado del agua, incluyendo corrientes subterráneas y la alteración de los campos normales de energía magnética los cuales pueden ser creados como resultado de su contenido.

Una noche, menos de dos meses después de mi regreso de México, estaba pasando tiempo en la presencia del Señor, cuando tuve una visión de mi misma en el bien conocido subterráneo de la cisterna de la basílica de Yerebatán debajo de la ciudad de Estambul. El Señor me mostró que debía ir allí el 6 de junio del mismo año. Dios me reveló que el alto nivel de energía magnética que estaba siendo descargado desde esta ubicación podía afectar no solo la ciudad sino también el país y el mundo entero.

Iría con Yildiz a los túneles que se encontraban debajo. Ya era abril por lo tanto teníamos solo unos pocos meses para prepararnos para el viaje.

12
CISTERNA DE YEREBATÁN E INFIERNO

La cisterna de Yerebatán (que significa subterráneo en turco) nunca llamó mi atención en todos los años que viví en Estambul, por tanto sabía muy poco al respecto. Sin embargo, armada con el conocimiento concerniente a mi misión, comencé a recopilar fotos del lugar y leer acerca de su historia. Le relaté las noticias de nuestra asignación el 6 de Junio a mi amiga Yildiz, entretanto Kartal, del grupo de jóvenes, me informó de la existencia de una cabeza de medusa colocada bocabajo en el agua de la cisterna, en la cámara subterránea de la basílica de Yerebatán.

Cuando escuché esto comencé a escudriñar fotos de la basílica. Una imagen en particular tocó una cuerda. Podía recordar claramente haber visto ese lugar exacto en un sueño cuando era apenas una niña. En mi sueño sentí que me encontraba allí personalmente. La foto representaba columnas muy altas que se extendían desde la base de la línea de agua hasta la altura del techo. Parecía como una red de columnas colocadas en fila a lo largo de los pasillos abiertos.

La importancia de ir a Estambul en esta fecha en particular, persistía en mi mente como un misterio. Apenas dos días antes de dejar Florida, estaba viendo el canal turco, cuando vi un reportaje el cual mencionaba que el planeta Venus pasaría entre la tierra y el sol entre el 5 y el 6 de Junio del 2012. Cientos de años habían pasado desde la última vez que este evento poco frecuente había ocurrido, y pasarían cientos de años más antes de que volviera a ocurrir de nuevo. Sentí como que si allí podía estar la conexión. Haciendo un poco más de investigación, encontré que los mayas se sentían fascinados por el planeta Venus y habían sido capaces de predecir con exactitud cuándo pasaría entre la tierra y el sol en el año 2012. Luego me topé con otro artículo en las noticias que mencionaba que los cienciólogos, entre otras religiones, creían que sus espíritus o almas llamadas Thetan, habían venido del planeta Venus. Supuestamente, estas almas o espíritus buscaban mujeres embarazadas cuyos bebés eran infectados dentro del útero. El artículo también mencionaba que luego de la reencarnación, los espíritus se daban cuenta que sus memorias pasadas habían sido borradas y se enfurecían porque deseaban recordar sus vidas pasadas.

Toda esta información parecía no ser coincidencia, por tanto comencé a orar y a preguntarle a Dios por claridad y guía. Me preguntaba por qué

tenía que ir a Estambul el 6 y no el 5 que era el primer día que Venus pasaría. Mientras estaba en Su presencia, tuve una visión. Estaba flotando en el espacio. Estaba muy lejos, lo suficiente como para ver la tierra y a Venus pasar. Mientras Venus pasaba sobre la tierra, ví lo que parecía ser unas cuerdas bajando con criaturas sombrías por millones descendiendo hacia la tierra. Dios más tarde me revelaría que luego del año 2012 la maldad se haría más abundante y más visible sobre la tierra.

Armada con este conocimiento, Yildiz y yo programamos una visita a la basílica. Cuando llegamos allí, descendimos por las escaleras hasta el pasillo que se encontraba sobre la vasta cisterna en las aguas subterráneas. Yildiz y yo hicimos decretos proféticos mientras derramábamos el aceite para ungir hasta la última gota, y tiramos la botella dentro del agua donde la cabeza de la medusa se encontraba ubicada. Oramos y le pedimos a Dios que cortara cada línea ley impía desde su raíz, y entonces establecimos las líneas ley de Dios dentro de aquel lugar. Desde allí, las justas líneas ley de Dios se conectarían con otras en otros lugares así como El lo deseaba. Le pedimos por su limpieza espiritual, comenzando por aquel lugar y a través de todas las aguas que se conectaban, incluyendo el aire. Una vez que nuestra misión había sido completada, nos fuimos.

No fué sinó hasta algunos años más tarde que me topé con un libro con una historia muy similar a la de la misión que tuvimos. El libro había sido descrito como ciencia-ficción, titulado "Inferno" por Dan Brown. En esta historia los personajes del "Código da Vinci" trataron de detener una amena- za mundial la cual fué primero descubierta en Italia. Lo rastrearon hasta llegar a Estambul donde encontraron que consistía en una rara amenaza viral que podría difundirse por todo el mundo desde el palacio Yerebatán. Pensé lo fascinante que era que ellos hubiesen podido reproducirlo tan similar a lo que yo vi en mi visión y en la revelación que recibí de la misma ubicación.

Algunos años después del evento, conseguí un mapa publicado por NASA el cual representaba las ubicaciones geográficas donde Venus pasó sobre la tierra. De acuerdo con el mapa se movió sobre Norte y Sur América el 5 de Junio. Luego cruzó el océano Atlántico en un punto el cual ellos marcaron con una "X". Venus entonces pasó sobre Estambul Y sobre el resto del medio oriente el 6 de junio. Por tanto, no fué sinó hasta un año después que Dios respondió mis preguntas acerca de porque él nos envió aquel lugar en Estambul el día 6 de ese mes y no el día 5. También me enteré un año más tarde que el punto que estaba marcado en el mapa con una "X" era de excepcional importancia, lo cual eventualmente me llevó a otra misión a Escocia.

FIGURE 1

Global Visibility of the Transit of Venus of 2012 June 05/06

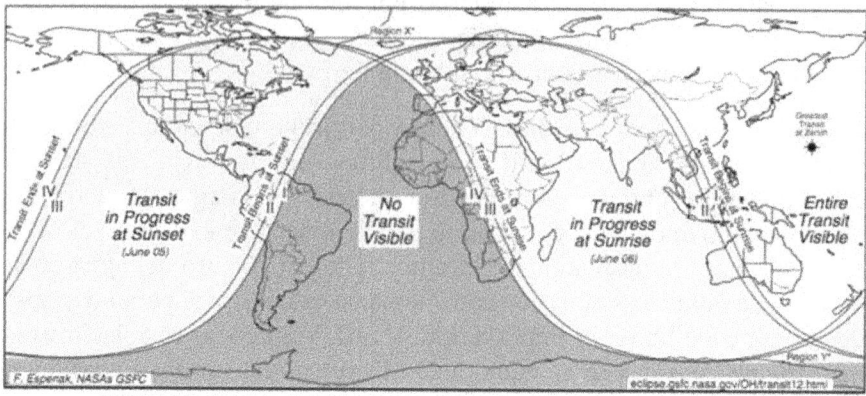

* Region X - Beginning and end of Transit are visible, but the Sun sets for a short period around maximum transit.
* Region Y - Beginning and end of Transit are NOT visible, but the Sun rises for a short period around maximum transit.

FIGURE 2

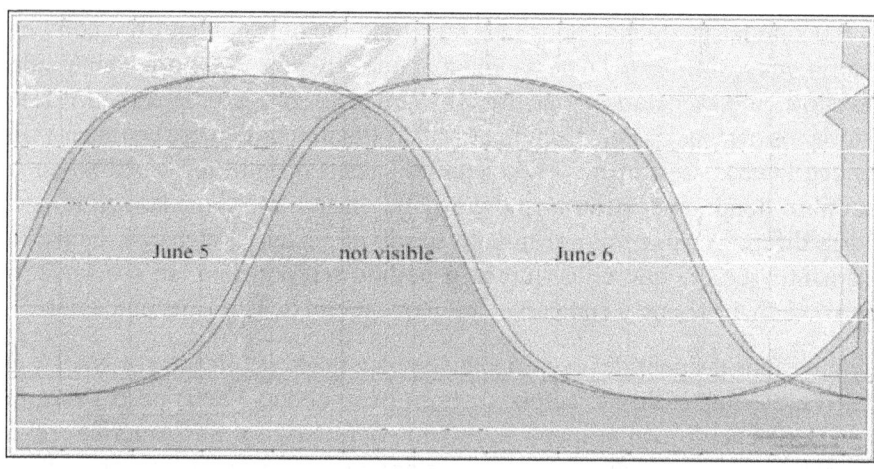

13

MONTE NEMROD

Luego de regresar a Florida de mi viaje a la Cisterna en la Basílica de Yerebatán, en Estambul, comencé a pasar más tiempo con YHVH en su salón del trono. El comenzó a darme más revelaciones profundas acerca de la creación, conocimientos del universo, portales, la tierra, conexiones humanas con líneas ley, campos de energía magnética y nodos. Entonces una noche recibí un mensaje diciéndome que estudiara las líneas ley en el lenguaje turco en vez de hacerlo en inglés. "Hey Hatlari" es la palabra turca para las líneas ley. Mi investigación de Internet en turco terminó en un mapa. El mapa mostraba algunas intersecciones de las líneas ley formando un triángulo sobre una porción del medio oriente. Una esquina del triángulo estaba localizada en la ciudad de Troya, desde donde se extendía una línea hacia el monte Nemrod. La línea desde Troya y la línea que comenzaba en el monte Nemrod, ambas se interceptaban en un punto en Jerusalén. Yo había visto el monte Nemrod en una visión por lo que yo sabía que ese sería mi próximo destino y luego Israel.

Comencé a orar por claridad y sabiduría y recibí confirmaciones, incluyendo la fecha para el próximo viaje al monte Nemrod en Agosto 30 del 2013.

Dios reveló que dos personas del grupo de jóvenes, Kartal y Mezgin me acompañarían en aquel viaje, por tanto los llamé y todos oramos. Mientras nos preparábamos, continué mi investigación sobre el monte Nemrod.

Habiendo crecido en Turquía, había escuchado que esa montaña es también conocida como la montaña de los dioses. Vi fotos de ella pero nunca tuve la oportunidad de visitarla. Mientras investigaba más a fondo sobre este lugar, aprendí que había un montículo en forma piramidal en la cima de la montaña. En referencia a las líneas ley y portales, las piedras piramidales y montículos tienen un gran significado. Tanto en Egipto como en la Península de Yucatán, las pirámides fueron construidas a lo largo de líneas ley y la dirección de sus picos usualmente apunta hacia una ubicación astronómica correspondiente. Las pirámides mayas estaban alineadas para apuntar hacia Saturno mientras que las de las pirámides de Egipto apuntaban a la constelación de Orión. El famoso busto gigante esculpido en la cima del monte Nemrod era el punto focal en la mayoría de las fotos que habían sido tomadas allí. La pirámide parecía de menor importancia que la estatua del busto. Mientras examinaba algunas imágenes del área el Señor me dijo que mirara más allá de las figuras y viera el trono detrás de ellas. Con la pirámide al fondo, había cinco tronos y un altar delante de ellas.

Esos tronos fueron construidos para demostrar que la autoridad sobre toda el área había sido delegada a los dioses-demonios griegos helenísticos, adorados por sus habitantes. Estos dioses incluían a Zeus, Apolo, Hércules, Ares, Poseidón, etc. Había también un trono para el autoproclamado dios-rey del reino de Commagene. Las estatuas, ahora regadas por todas las cima de la montaña, habían sido inicialmente esculpidas por los dioses demonios para sentarse sobre ellas. Los lugareños creían que el sol mismo no podría alcanzar la cima de esta montaña.

Claramente, esta ubicación era de una gran importancia espiritual. Más tarde hayamos que la fecha de nuestra llegada a las cima coincidió con la aparición de una luna azul (blue moon), lo cual raramente ocurre. Si ninguna intención de mi parte o de alguno de mis compañeros de viaje, nuestro Dios ordenó que nuestros viajes siempre coincidieran con eventos astronómicos. Después del análisis del descubrimiento, este patrón estaba siendo revelado durante o después de nuestros viajes.

Finalmente el día de nuestro viaje había llegado.

Ninguno en nuestro grupo estaba familiarizado con el área, por lo tanto hice arreglos para contratar un guía turístico que nos asistiera. Mizgin, quién era kurdo y muy familiarizado con la región también vino con nosotros. Nos encontramos en la ciudad de Adiyaman y luego procedimos a nuestro Hotel el cual estaba localizado a medio camino de la montaña.

Como a las 6:00 pm de aquella tarde, estábamos disfrutando de un bello paisaje desde la terraza del Hotel mientras cenábamos. Desde allí teníamos una excelente vista de las cimas de las montañas divididas por exuberantes valles. El clima era todavía placentero, pero rápida e inesperadamente la temperatura cayó significativamente y se comenzó a formar una tormenta cerca de allí. Pronto, los vientos se hicieron tan fuertes que tuvimos que terminar nuestra cena adentro para evitar ser golpeados por escombros y pequeños objetos que eran lanzados por el aire. Uno de nuestros mesoneros nos dijo que el dios Poseidón debía haber oído acerca de nuestro viaje a las cima de la montaña temprano en la mañana y se había enojado, conjurando una tormenta. Oh ? Interesante, respondí despreocupadamente.

Nos dirigimos a mi habitación para orar y revisar las estrategias e instrucciones que Dios nos había dado para prepararnos y completar nuestra asignación. Sabíamos previamente que tendríamos que salir del Hotel a las 3:00 de la mañana para orar en la cima de la montaña. Ofrecimos oraciones de arrepentimiento y tomamos la comunión juntos. Traté de dormir durante unas pocas horas esperando que el tiempo fuese un poco menos severo cuando me despertara.

Eran ya las 3:00 de la mañana, hora de partir. El cielo estaba completamente negro y el viento soplaba muy fuerte. La temperatura en la cima de la montaña había caído mucho, de manera que tuvimos que ponernos abrigos encima; pero aún así no lográbamos calentarnos.

El terreno sólo se podía acceder en jeep, así que nos subimos a uno y comenzamos nuestra travesía hacia la cima del monte Nemrod. El jeep solamente nos llevaría hasta un punto donde había un control de seguridad cerca de la cima de la montaña. El resto del camino, tendríamos que decidir si escalar colinas rocosas o subir en burro o mulas.

El paso hacia la cima era tortuoso y cubierto de rocas. No había barandas en el lado del acantilado a la izquierda. Yo no podía soportar ver hacia la izquierda y ver que no había nada entre nosotros y el acantilado. El fuerte viento balanceaba el jeep de un lado a otro sacudiéndonos dentro.

Finalmente, llegamos al punto de chequeo. Parecía desierto; todo el mundo estaba dentro de un pequeño edificio resguardándose de la tormenta. El guardia de seguridad nos dijo que posiblemente no podríamos viajar a la cima en esas condiciones porque ellos a duras penas podían mantenerse en pie afuera debido al fuerte viento. Insistimos en que debíamos llegar a las cima, de manera que nos dieron cobijas para ayudarnos a mantenernos calientes.

Kartal y Mizgin decidieron escalar por el camino rocoso, pero a mí me trajeron un burro. Un hombre me acercó el burro y me ayudó a montarlo, y comenzamos nuestro viaje hacia la cima. El viento era despiadado y la oscuridad desconcertante. El burro luchaba por mantenerse en pie, pero con cada ráfaga de viento, todos nos resbalábamos hacia abajo unos cuan- tos pasos. Una vez que el burro recuperaba su paso, continuábamos hacia arriba. Esto se repetía por lo que parecía una eternidad.

Era casi imposible ver la cima, porque el camino era muy empinado. Para ver la cima tenía que echar mi cabeza hacia atrás completamente y mirar directo hacia arriba. Miré a mi derecha y vi la orilla del acantilado. No había nada allí que evitará que cayéramos, si el burro perdía el balance. Me imaginé que si nos caíamos el burro probablemente caería sobre mis piernas y me las partiría o que volaríamos juntos por el acantilado hacia abajo. Entonces pensé para mis adentros la locura que era todo esto. Lo peligroso y loco que este viaje parecía. Me dije a mí misma: "nunca haría esto ni por mí ni por mis hijos, solo por el Señor. Estoy haciendo esto por ti. Solo por ti".

Me había perdido en mis pensamientos pero entonces rápidamente volví a la realidad y comencé a conversar con el hombre que guiaba el burro. "Es usted kurdo?" Le pregunté. El respondió con un suave "si". Inmediatamente le dije que yo amaba al pueblo kurdo. Entonces le pedí perdón en representación de todos nosotros el pueblo turco porque los habíamos rechazado. Y continué diciendo: "Dios ama a tu pueblo y nunca los ha rechazado". También le dije que Dios me había llamado servir en un ministerio para su pueblo y que una noche Dios tocó mi corazón con compasión hacia ellos, especialmente jóvenes y niños. Sentí su dolor, su rechazo y su soledad.

El tiempo pasó más rápido de lo esperado durante esta conversación. En lo que a mí me pareció como apenas unos segundos, la cima de la montaña apareció delante de nosotros. El tiempo pareció diferente durante ese corto período, casi fugaz, y el recuerdo es un poco confuso. Era como si nos hubieran transportado. ¡Ay, habíamos llegado a la cima!.

El guía Kurdo que llevaba el burro se detuvo y vino a ayudarme a bajar. Me dijo que me quedara tranquila hasta que él hubiese asegurado al burro. Por qué le pregunté curiosamente. Me contestó: "porque las rocas son resbalosas y en algunos lugares difíciles de alcanzar. Yo la ayudaré a cruzar". Escuchando esto recordé lo que había experimentado con el guía en nuestro viaje al río Eufrates. El me había prometido ayudarme a llegar al otro lado del río de manera que me pudiera sumergir en el agua, y lo hizo agarrando mi mano mientras me guiaba través del paso rocoso.

Nuestro guía regresó luego de asegurar al burro mientras yo todavía estaba recordando. Como si tuviese un libro de instrucciones delante de él, me ayudó a llegar a mi destino. Entendí que ambos guías habían sido enviados por Dios.

Me tomó de la mano y me llevó a un claro donde divisamos el altar, las estatuas y los tronos. El plan inicial era que el guía se regresara al punto de seguridad inmediatamente después que llegáramos a la cima de la montaña. Así como el guía se devolvió para regresar hacia donde estaba el burro, Dios me dijo que lo bendijera. Cómo? le pregunté. Con una can- ción, el respondió. Mizgin tiene una voz increíblemente ungida y llena de pasión por Dios. Ella cantó una hermosa canción en kurdo, alabando a Dios. Su voz resonando a través de la oscura y vacía cima de la montaña fué una maravillosa experiencia. El guía se sentó y escuchó. Cuando hubo terminado, se levantó, y nos agradeció y entonces se fué con el burro. Ese fué probablemente uno de los viajes más interesantes que él pueda recordar.

Cuando nos fuimos, caminamos hasta el altar. Estaba helado, y el viento era muy fuerte. Estábamos envueltos en cobijas y temblábamos. El altar era mucho más grande de lo que esperábamos y tuvimos que escalar algunos pasos para llegar hasta la cima.

Esperábamos ver la pirámide detrás de los tronos y los bustos esculpidos en piedra, luego frente a ellos, el altar donde eran ofrecidos sacrificios humanos y de animales a esos dioses. Debido a la forma en que los tronos estaban ubicados los dioses eran posicionados en los tronos para ver y observar hacia el altar y sobre el río Eufrates y todo el Medio Oriente, hasta Israel. Parecía como si estuviese destinado para que ellos pudieran divisar toda la región. El altar estaba también posicionado para permitir que la sangre del sacrificio manchara hasta el río Eufrates, para luego ser llevada a lo largo y ancho de toda la región.

Dios nos había instruído para que nos parásemos delante del altar y nos humilláramos en arrepentimiento como lo hubiésemos hecho para entrar en su tabernáculo. Esto lo haríamos y glorificaríamos el nombre de Jesús y su preciosa sangre, proclamando que el Señor Jesús es el cordero de Dios y que El es el sacrificio perfecto de una vez y por todas. Aquel lugar entonces sería limpiado por la sangre del Señor Jesús.

Antes de que ni siquiera llegáramos cerca del altar, comenzamos a arrepentirnos y a humillarnos. Cuando llegamos al altar, le agradecimos a Dios por la sangre de Jesucristo y por limpiar toda aquella área con su preciosa sangre. De repente escuché a Dios diciéndome que necesitábamos acostarnos en el centro del altar.

Al escuchar ésto, pregunté: "Jesús es el único sacrificio perfecto, ¿Por que deberíamos nosotros convertirnos en un sacrificio? Entonces rápidamente decidí no hacer más preguntas, sinó sólo obedecer. Todos nosotros tres nos postramos cara al piso en la helada piedra del altar. Entonces comenzamos a alabar al Señor con todas nuestras fuerzas, llorando y gritando hacia el viento de la helada montaña. Nuestras voces resonaban a través de toda el área, tan fuerte que nuestras alabanzas se escuchaban hasta en nuestros carros. Nunca antes había experimentado una adoración tan intensa o Su presencia.

Poco después de adorar, Dios nos dijo que nos levantásemos. Nos acurrucamos juntos y nos sentamos debajo del altar, con nuestras mantas sobre nosotros, y comenzamos a leer las Escrituras que Él nos dió.

Las escrituras que el Señor nos dió para proclamar sonaban como que si estaban hablando directamente al demonio en la cima de la montaña y al el espíritu y las almas del pueblo.

El dijo: "ustedes han construído estas estatuas de piedra y las han adorado. Ustedes han pretendido que ellos son dioses, pero ellos no están vivos, no tienen poder ".

Dios nos había dicho por adelantado que cuando llegáramos a la cumbre, no miráramos a los tronos ni a las cabezas de los dioses, sinó que les diéramos la espalda. También nos dijo que no nos involucráramos en guerra espiritual. El dijo, "Esta no es su guerra, solo lean las escrituras que yo les dí de manera que mis palabras son las que harán guerra en contra de ellos".

Dios me había dado aquellas escrituras y las estrategias, y también me mostró algo. En la visión, había unas antiguas y pesadas puertas de acero, significativamente adornadas, a los cuatro costados de la cima de la montaña; norte, sur, este y oeste. Estaban encadenadas con unas cadenas inmensas y se mantenían unidas por unas cerraduras enormes. Estas puertas antiguas nunca antes habían sido abiertas, y las cadenas nunca antes habían sido rotas. Dios me dijo que una vez que habláramos las declaraciones y sonáramos el Shofar en las cuatro direcciones, los cerrojos y las cadenas serían rotas, y aquellas puertas antiguas serían abiertas. Entonces, el viento desde las cuatro esquinas del mundo avanzaría hacia adelante con Su gloria.

Con cada palabra que era desatada, Dios estaba peleando los falsos dioses e ídolos detrás de nosotros. Les habíamos dado la espalda todo el tiempo, así como se nos había dicho que hiciéramos. Entonces llegó el momento de sonar el Shofar. Yo lo hice sonar en las cuatro direcciones. Con cada toque del Shofar la montaña se sacudía con sonido y vibración. Con los últimos sonidos, tuve una visión de los cerrojos y las cadenas rompiéndose y las puertas antiguas abriéndose en la cima de la montaña, con un sonido muy fuerte. El señor me dijo que desde Rusia hasta Israel, desde China hasta los Estados Unidos, los vientos de Dios de las cuatro esquinas de la tierra barrerían desde esta tierra hacia las naciones.

Estábamos terminando nuestras oraciones cuando vimos sombras detrás de nosotros. Los viajeros que estaban en la base de la montaña ya habían alcanzado la cumbre. Escucharon el sonido del Shofar durante su escalada y parecían dispuestos a averiguar de dónde venía. Dios nos dijo que no miráramos a nadie directamente a los ojos cuando habláramos con ellos. Solo debíamos descender la montaña lentamente.

Habíamos terminado. Nos metimos debajo de nuestras cobijas para orar y sellar todo con nuestras oraciones. Tan pronto como nos quitamos las cobijas de encima, noté que el frío se había ido completamente, como si la tormenta de la mañana nunca hubiese ocurrido.

El frío y el viento estaban completamente inmóviles, sin embargo los dientes de Kartal todavía castañeaban de haber estado en la presencia de Su Gloria. Cuando regresamos al punto de seguridad, nos montamos en el jeep para nuestro viaje de regreso al Hotel. El chofer nos dijo que miráramos hacia la cima de la montaña. Estaba completamente cubierta con unas gruesas nubes blancas, como si la Gloria de Dios hubiese descendido sobre ella. Esa mañana, nadie pudo ver el amanecer desde la cima del monte Nemrod.

Después de nuestro viaje al monte Nemrod y antes de regresar a casa, viajamos una vez más al río Eufrates y volvimos a visitar el área. Aproximadamente una semana y media después de mi regreso a Florida, escuchamos noticias de que las fuerzas kurdas habían invadido el norte de Siria. Después de nuestra misión al monte Nemrod, comenzó la guerra siria contra el régimen de Assad.

14

EN EL SALÓN DEL TRONO

Después de nuestro viaje al Monte Nemrud el 29 de Agosto de 2012, mi próximo viaje sería Israel.

Una noche soñé que me invitaban a un hotel para un evento. Cuando llegué a la entrada del hotel, no pude enfocar mi mirada debido a la iluminación. El vestíbulo estaba adornado con millones de cristales cubiertos por gigantescas lámparas de araña que colgaban del techo.

Miré mi atuendo y pensé que era demasiado casual para un lugar tan elegante. Contemplé la posibilidad de irme cuando de repente una hermosa mujer se me acercó y me dio la bienvenida. No parecía estar preocupada con mi apariencia y me trató como que si yo fuera una de las invitadas más estimadas al evento. Me dijo que le gustaría mostrarme el área y luego me llevó a un elevador que estaba hecho totalmente de vidrio. Mientras íbamos subiendo, pude ver mis alrededores. La vista era de la ciudad de Jerusalén y pude ver el Monte del Templo con el Domo de La Roca delante de mí. Le pregunté adónde íbamos y me miró sorprendida y dijo: "¿no lo sabes? Esta es la casa de papá (de nuestro padre)".

Después de echar un vistazo descendimos, y me llevó a la parte atrás del edificio. Nadie más estaba allí, solo nosotras y estaba muy callado. Nos paramos en una gran área abierta y delante de nosotros estaba una inmensa pared.

De repente se mostró muy emocionada y dijo "el viento está viniendo. Y entonces desapareció. Miré a mi derecha y miré un grupo de personas vestidas como de la realeza viniendo hacia mí. El rey estaba usando su capa y su corona, con un cetro en su mano. Estaba caminando delante de ellos. Sus pies estaban flotando ligeramente sobre el piso.

Me vió y levantó su mano para detener a la gente detrás de él que lo seguía. Les dijo que me preguntaran quién era yo. Y les dije que era la traductora. Me miró de nuevo y abrió una puerta inmensa situada a mi izquierda. Con un movimiento rápido volé hacia adentro directamente a través de la puerta abierta. Luego una gran puerta se cerró de golpe antes de que yo ni siquiera supiera que pasó. Justo antes que la puerta se cerrara, el rey tiró su cetro y éste cayó cerca de mí. Estaba cubierto con diamantes, cristales y otras piedras de colores.

Tomé el cetro y me levanté, luego volteé para ver dónde me encontraba. Me sorprendió encontrarme en un salón del trono. Muchas escaleras conducían hacia arriba a un nivel más alto donde el Rey estaba sentado en su trono. Me pregunté "yo estaba con el rey, y él me dio su cetro, entonces ¿quién es esta persona que está sentada en el trono allá arriba?". Escuché voces decir "él es el hijo del rey, que también es rey". Inmediatamente entendí que él era el hijo de Dios, nuestro señor Jesucristo.

Las mismas voces me dijeron que caminara más cerca de las escaleras. Mirando alrededor del área que rodea las escaleras, vi como un tipo de "Seres" que parecían ser amables y gentiles, hablar entre ellos. Percibí que eran ángeles. Se preguntaban: "¿Quién es ella? ¿Quién es ella? Sonó como un susurro resonante. Todos estaban repitiendo la misma pregunta. En mi mano, me di cuenta de que estaba sosteniendo un cuaderno que dejé caer al suelo. Cuando dejé caer el cuaderno, se abrió y uno de los ángeles lo agarró. Los otros tenían mucha curiosidad y corrieron hacia él para ver qué decía el libro sobre mí. El que sostenía el libro dijo: "Oooh, ella es la hija del Rey, y le sirvió en obediencia". Los otros hicieron eco de "Oooh". Luego me presentaron al Rey.

Comencé a hablarle al rey, pero cuando miré alrededor mío, detrás de mí, una gran multitud me había seguido. A mi lado izquierdo vi a Mezgin (la muchacha kurda que viajó conmigo al Monte Nemrud y a Agri - puerta este) la introduje al Rey Jesús diciendo: "Señor ella es la que me ayudó en kurdo por lo que ella podría ser la traductora kurda!".

15

PREPARATIVOS PARA LA PUERTA SUR

De los tres lugares; Estambul incluyendo Troya, Monte Nemrud e Israel, que estaban ubicados en las esquinas del triángulo formado por las líneas ley en el mapa, Israel sería mi última asignación. Para ese momento desconocía la fecha de mi viaje y si sería una asignación para advertir desde la puerta sur a las naciones que eventualmente vendrán del norte a atacar a Jerusalén.

Al final resultó que, estas escrituras; Ezequiel 38 y 39 que Dios me dio en el 2005 antes de enviarme al río Eufrates, fueron proclamadas explícitamente contra las naciones del Norte que eventualmente se levantarán contra Israel. Con nuestros rostros dirigidos hacia el Norte, las advertencias, las proclamaciones y las profecías se emitieron en función del capítulo 33 de Ezequiel, que se me entregó en el año 2003.

La misión a Israel consistió en cuatro asignaciones distintas y separadas y Dios escogió Jerusalén como el primer lugar desde donde estas asignaciones serían llevadas a cabo. Primero, necesitaríamos arrepentirnos de todos los pecados en representación del pueblo de Dios, mediante la lectura y declaración de Daniel capítulo 9.

Segundo tendríamos que leer Ezequiel 37 para declarar tres profecías sobre Israel y sobre el pueblo de Dios, de acuerdo con las instrucciones escritas en este capítulo. Esto involucraría profetizar sobre los huesos secos e invocar el aliento de vida para que entrara en el pueblo de Israel.

Tercero, seríamos usados como mensajeros de Dios, armados con Su autoridad para abolir y limpiar a Israel de las líneas ley impías que venían del norte. De manera que las fuerzas malignas del Norte, no tuvieran ya más ningún control sobre Israel.

Proclamando la palabra de Dios sobre estas líneas ley, los campos de energía magnética negativa se cerrarían Y declarando la luz de Dios, Su vida, Su presencia, Su gloria y Su paz una transformación a Dios, tendría lugar entre su pueblo.

Cuarto y último, una vez más desataríamos advertencias sobre las naciones del norte desde la puerta sur en Israel. Nos volveríamos hacia el norte y profetizaríamos Ezequiel 38 y 39, para advertir a las naciones del Norte y entonces sonar el Shofar en la atmósfera.

La asignación había sido identificada y confirmada, pero había un problema; no tenía dinero para el viaje.

Mis finanzas de alguna manera se habían agotado con mi viaje al Monte Nemrud, y no tenía perspectiva de negocios en puerta para costear otro viaje. Además, económicamente, no era la mejor época. Durante aquel tiempo yo vivía con mi mamá en su condominio para mayores de 55 años. La presidenta de la comunidad, Naomi, estaba interesada en vender su unidad, pero para venderla a alguien menor de 55 años la restricción de edades debía ser levantada, lo cual ella se las ingenió para cumplir. Yo me gané la licitación inmobiliaria de la unidad de Naomi y ella se convirtió en mi primera clienta judía.

Luego después de eso, fui contactada por una familia judía que había conocido en Turquía. Ellos querían que yo ayudara a sus hijos a conseguir donde vivir, ya que estarían asistiendo a la escuela en los Estados Unidos. Antes de recibir su llamada, a mi hermana le habían ofrecido un trabajo en otro Estado, y ambas ella y mi mamá se habían reubicado allá.

Mi hijo mayor ya se había mudado del estado hace muchos años, y mi hijo menor asistía a la escuela lejos de casa. Me encontré viviendo sola por primera vez, con un sentimiento de vacío dentro de mí. Remedié mi aburrimiento volviendo a pintar y re-decorando toda la unidad del condominio. El resultado fué bastante refrescante, pero más que eso, la novedad de todo me dió la sensación de que me estaba preparando para algo totalmente nuevo.

Con la perspectiva de ayudar a mis clientes turcos a encontrar un lugar, inmediatamente les ofrecí rentar mi condominio. Yo vivía en otro lugar y ellos se quedaron en mi apartamento por dos meses mientras buscaban donde vivir y escogían en qué escuela iban a estudiar. Terminaron comprando dos apartamentos. Y yo también me gané el listado para vender dos condominios de los amigos judíos de Naomi.

Reconozco que en tan corto periodo de tiempo, Dios había abierto puertas las cuales me ayudaron a beneficiarme financieramente de esas transacciones inmobiliarias. Interesantemente, muchos de mis clientes resultaron ser judíos. Entonces fui capaz de costear mi viaje a Israel con las comisiones que hice de esas transacciones.

Un mes antes de mi viaje en Septiembre, la tarde de Yom Kippur, mientras estaba alistándome para comenzar el ayuno y oración en preparación para mi viaje, el enemigo usó a uno de mis clientes para lanzar un gran ataque en contra mía. Todo el asunto era pura maldad y yo repentinamente me encontré en el foso de la guarida de León. Aunque no era culpable de las acusaciones, por los siguientes 10 días pasé por el fuego. Mi único recurso era ir a la Corte Celestial todas las noches y en arrepentimiento pedirle al juez más alto YHVH justicia para librarme de manos del enemigo.

Durante esos juicios, Dios me dijo que leyera la oración de arrepentimiento en Daniel capítulo 9. Dios dijo que yo estaba pasando por el fuego no sólo para mi propia purificación y preparación para el viaje sinó que también en nombre de los pecados del pueblo de Israel. Que era necesario para mí pasar por todo eso para pararme en la brecha por ellos y ser capaz de ir contra sus adversarios.

Luego de pasar por el fuego, comencé a concentrarme más en el viaje. Gracias a la sabiduría de Dios, decidí que sería mejor para nosotros viajar en grupo con un Tour. De esa manera nos mezclaríamos con los turistas y llamaríamos menos la atención, principalmente porque nuestras asignaciones eran muchas y nuestras tareas cruciales.

Kartal y yo reservamos nuestros espacios en el Tour. Oré a Dios pidiéndole que alineara nuestras asignaciones de manera que fuesen compatibles con el programa y los horarios del Tour. Dios contestó mostrándome dos cosas en una visión. Primero, era algo que El ya me había prometido; que algún día yo entraría en el domo de la roca cerca de la montaña del templo. Yo había sabido eso por años y solo estaba esperando por su tiempo perfecto. Segundo; le había preguntado a Dios: "dónde haríamos los decretos en contra de las líneas ley impías y dónde daríamos las advertencias de Ezequiel 38 y 39 hacia el norte". El me mostró el Monte de los Olivos, la montaña donde Jesús pasó mucho de su tiempo con sus discípulos. Pude observar que desde el Monte de los Olivos se puede divisar la montaña del templo y el resto de la región. Después de recibir estas confirmaciones, compré nuestros pasajes. Dios me dio la fecha de partida de Octubre 29 para el viaje a Jerusalén.

16

PREPARA EL CAMINO

La primera noche en Israel, mientras nos alistábamos para orar antes de comenzar nuestra asignación, compartimos las escrituras recibidas individualmente de parte de Dios en nuestro viaje anterior al monte Nemrud. No habíamos tomado tiempo antes para compartir esas escrituras, porque no iban a ser usadas para hacer declaraciones en ese viaje y parecían ser más bien personales.

Así como leíamos las escrituras de nuestras notas individuales, nos sorprendió descubrir que contenían el mismo mensaje. Entonces nos dimos cuenta que aquellas escrituras debían salir a la luz en Israel para el presente y también para asignaciones futuras.

Las escrituras que Kartal recibió:

Apocalipsis 2:26-28 *"Al que venciere y guardare mis obras hasta el fin, yo le daré autoridad sobre las naciones, y las regirá con vara de hierro, y serán quebradas como vaso de alfarero; como yo también la he recibido de mi Padre; y le daré la estrella de la mañana."*

Las escrituras que yo recibí:

Salmos 2:8-10 *"Pídeme, y te daré por herencia las naciones, Y como posesión tuya los confines de la tierra. Los quebrantarás con vara de hierro; Como vasija de alfarero los desmenuzarás. Ahora, pues, oh reyes, sed prudentes; Admitid amonestación, jueces de la tierra."*

Reconocimos que Dios nos había dado individualmente el mismo mensaje usando diferentes escrituras. Sin embargo escogió revelarlas en la primera noche de nuestra asignación en Israel.

La montaña de Nemrud fué donde Dios nos dió su autoridad divina para operar en la tierra sobre las naciones, de manera que todo lo que se hiciera en los cielos también fuera hecho en la tierra. Oramos y agradecimos a Dios por el honor y el privilegio de servirle Y reconocimos que sin El dentro de nosotros no podíamos hacer nada, pero con Él y su autoridad todo lo podríamos hacer para su gloria.

Después de un día de estadía en Tel Aviv, recorrimos varias locaciones. Finalmente llegamos a Jerusalén en el día siete de nuestro viaje; Octubre

29, la fecha exacta que Dios nos había dado. Habíamos programado pasar los últimos dos días del Tour en Jerusalén.

Nuestro primer día en Jerusalén, el Monte de los Olivos había sido el lugar escogido por nosotros para hacer el Tour. Kartal y yo informamos a nuestro guía que el Monte de los Olivos tendía a estar congestionado con visitantes de manera que necesitábamos despertarnos muy temprano para llegar allí antes de la salida del sol y orar.

El guía respondió diciéndonos que el Monte de los Olivos era un territorio palestino y viajar allí antes de la salida del sol podría ser peligroso. Además, se esperaba que todo el mundo fuera y viniera en grupo.

Le dejamos saber nuestra decisión de separarnos del grupo y subsecuentemente conseguimos un chofer de taxi palestino que acordó llevarnos allí a las 5:00 de la mañana. El chofer nos aseguró que no habría peligro viajando al Monte de los Olivos, por lo que le pregunté: "¿nos protegerá usted?" El inmediatamente respondió: "si yo los mantendré a salvo sin importar cómo". Percibiendo que su respuesta venía directamente de Dios, le dije a Kartal que iríamos con aquel chofer. En ese momento me recordé de una escritura que el señor me dió muchos años atrás, la cual decía: Hechos 18:10 *"porque yo estoy contigo, y ninguno pondrá sobre ti la mano para hacerte mal, porque yo tengo mucho pueblo en esta ciudad."*

Aunque en ese tiempo, yo no entendí el significado la importancia o la aplicación de esa escritura en mi vida, mientras reflexionaba en ella me dí cuenta que en cada viaje y asignación, Dios siempre nos ayudó y nos libró a través de muchas personas en las diferentes ciudades.

La mañana siguiente a las 5:00 de la mañana, Kartal y yo abordamos el taxi en ruta al Monte de los Olivos con nuestro chofer palestino. Al llegar, nos bajamos del vehículo, yo llevando mi Shofar a cuestas. En lo que se refiere a mujeres, el shofar tiene una historia en Jerusalén. En el judaísmo, las mujeres tienen prohibido tocar el Shofar, y particularmente en templos. Yo había leído que en algunos casos, algunas mujeres enfrentaron reacciones violentas por hacerlo. Yo había tocado el Shofar alrededor de muchas poblaciones en el medio Oriente, la mayoría de las cuales eran islámicas. Sin embargo, sonar el Shofar en Jerusalén era mucho más riesgoso.

Kartal y yo cruzamos la calle hacia la orilla del acantilado que divisaba el Monte del Templo. Allí vi una van grande estacionada con todas sus puertas completamente abiertas. Una luz verde emanaba desde la van y un tono muy particular el cual reconocí como un llamado musulmán a orar. Parados al lado de la van habían cinco hombres jóvenes de cara al monte del templo en oración. Entendí que deberíamos encontrar una localidad alterna para completar nuestra asignación. Justo entonces divisé unos escalones que dirigían hacia abajo a un nivel por debajo de la cima del acantilado.

Desde esa ubicación, Kartal y yo llevamos a cabo nuestra asignación así como Dios me había dirigido. Leímos Daniel capítulo 9, luego pedimos perdón, seguido por las declaraciones de las tres profecías sobre los huesos secos en Ezequiel capítulo 37. Luego le pedimos a Dios remover todos los portales malignos abiertos y las líneas ley impías conectadas al área y en su lugar establecimos las perfectas líneas ley de Dios, reemplazándolas con su gloria.

Finalmente, leímos y profetizamos Ezequiel 38 y 39 seguido por tres sonidos del Shofar, para dar advertencia a las naciones del Norte.

En la misteriosa quietud de la casi vacía cima de la montaña, el sonido de la trompeta retumbó por todos los alrededores. Era mucho más alto de lo que yo podía explicar. Esto por supuesto, llamó la atención de los cinco hombres que estaban orando sobre nosotros. Ellos todos se recostaron de la orilla del acantilado y nos vieron confundidos. Calmadamente, coloqué el Shofar de nuevo en su manga y Kartal y yo nos alejamos caminando.

Esos hombres observaron que era yo, una mujer en Jerusalén, la que había tocado el Shofar en un lugar que era territorio palestino, temprano en la mañana y su incapacidad para entender lo que acababa de suceder era visible. Parecían congelados en sus lugares, y simplemente nos miraron confundidos mientras nos alejábamos. Una vez que llegamos al taxi, nos fuimos de allí. Nuestra primera asignación había sido completada.

Ahora que ya habíamos completado la primera parte de nuestra asignación en Israel, en el Monte de los Olivos, estábamos listos para prepararnos para la parte más crítica y desafiante de nuestra misión. Ahora teníamos que ganar acceso al Domo de la Roca. Dios me había mostrado que yo en- traría en el Domo de la Roca de la misma manera que los antiguos sumos sacerdotes entraban en el lugar santísimo, lo cual era el mismo patrón que yo siempre había usado para entrar en el realismo de su presencia.

Cuando Kartal y yo regresamos a nuestro guía y le dijimos de nuestros planes de entrar en el Monte del Templo y en el Domo de la Roca él nos miró desconcertado. "Ustedes la verdad es que son demasiado!". El dijo "ayer tenían que ir a orar al Monte de los Olivos y ahora ¿necesitan en- trar en el Domo de la Roca? Eso es imposible!". Entrar en el Domo de la Roca estaba plagado de estipulaciones y requerimientos. Resultó que solamente los musulmanes residentes locales tenían permitido el acceso y usualmente eran hombres de avanzada edad.

A todo el mundo se le exigía mostrar prueba de su fé islámica. Aún más, visitantes que quisieran entrar estaban sujetos a responder preguntas relativas a su fé. El guía turístico agregó: "no es posible entrar allí, para nadie que no cumpla con estos requisitos. Y esto incluye cristianos". Así como él enumeraba los requerimientos para entrar de repente recordé que yo todavía tenía mi identificación turca la cual mostraba la fé que profesaba el portador de la misma. Desde mi nacimiento, la mía había sido registra- da como islámica, así como la de muchas otras personas que residían en Turquía. Yo contemplé cambiarlo por muchos años pero Dios no quiso que lo hiciera.

Con mi identificación, mostrando mi fé como islámica, el guía turístico estuvo de acuerdo que tal vez yo podría tener una ligera posibilidad de ganar acceso. Sin embargo, Kartal había cambiado su identificación recientemente y su religión mostraba que era cristiano, por lo tanto él no tenía mucha oportunidad.

Aquella noche traté de practicar alguna de las oraciones islámicas que había aprendido en la escuela pero que desde entonces había olvidado. Solo podía recordar dos oraciones cortas.

La parte más molesta era que yo no tenía idea del significado de aquellas oraciones porque estaban escritas en árabe y no en turco. El primer idioma en Turquía es el turco, y nunca aprendimos árabe. Cuando me dí cuenta que memorizar todas aquellas oraciones en una noche era imposible, centré mi atención en cómo y dónde podría entrar al templo. Necesitaba saber las puertas correctas de entrada que eran usadas en los tiempos antiguos por los sacerdotes de Dios.

Tomé un descanso y me fui al lobby del Hotel, allí vi a cuatro rabinos judíos, bastante mayores, sentados en una mesa. Dios me dijo que fuera y les preguntara. Entendía que sería bastante inusual para ellos que una mujer se les acercara en el lobby de un Hotel, casi a la medianoche. Es- taba vacilante por decir lo menos, pero el Señor me dijo "Ve!". Sentí en mi corazón un gran impulso a obedecer. Caminé hacia ellos y me paré allí con el mapa del Monte del Templo en mis manos. Esperé por una pausa en su conversación para hacerles mi pregunta. Les mostré el mapa actual del Domo de la Roca y les pregunté por cuál dirección y a través de qué puertas entraban los sumos sacerdotes en el templo en la antigüedad. Tres de ellos no estaban seguros de la respuesta, por lo que voltearon a ver al cuarto que era el más viejo de todos. Sabiendo la respuesta, el dijo: "el sacerdote entraba desde la puerta este, la cual está actualmente cerrada".

De repente exclamé "por supuesto! Que tonta! Por eso es que Jesús va a regresar por la puerta este. Es la entrada del tabernáculo". Mi emoción fué recibida con asombro. Entendí que ahora estaba hablando a cuatro rabinos judíos acerca de Jesucristo y su regreso. Uno de ellos preguntó por qué yo quería saber, y quién era yo. Le dije que yo una vez había sido musulmana, pero que después que Jesús vino mi vida todo cambió, y por eso estoy aquí". Después de una pausa el dijo "tú estás en busca de la verdad y estás regresanda tus orígenes".

Les agradecí y me retiré. Ahora tenía claro que entraría a través de la puerta este del Domo de la Roca. Me habían informado que la puerta oeste del Domo de la Roca estaba siendo usada como entrada, pero no estaba segura si la puerta este estaba siendo usada también. Me tranquilicé en saber que una vez que estuviera allí el espíritu Santo me guiaría.

A la mañana siguiente, salimos del hotel con el grupo de turistas y llegamos al sitio de una excavación arqueológica cerca del Monte del Templo. El autobús del Tour se detuvo cerca de la entrada del Monte del Templo. Kartal permaneció con ellos pero yo me bajé para ir a mi misión. Cuando el guía me estaba permitiendo bajar del autobús, me dijo "buena suerte. Espero que todo le salga bien y que pueda hacer lo que necesite hacer, pero si es capturada allí, ningún israelita ningún turco o ningún americano podrán ayudarla. Usted va a desaparecer. Que Dios le acompañe". Me bajé del autobús y lo vi partir. Vestida como una mujer musulmana con mi pañuelo puesto sobre la cabeza, caminé hacia la entrada del templo.

Yo sabía que no me estaría permitido llevar adentro nada que fuese cuestionable. Tenía un pequeño vial de aceite para urgir pero aún eso no estaba permitido. El espíritu Santo me dijo que estaba bien que me lo flotara en la palma de las manos, ya que no tendría que estrechar la mano de nadie allí. Empapé mis manos en el aceite y metí el Vial con el resto en mi bra- zier. Estaba lista para entrar, pero de alguna manera me perdí y terminé en el lado judío del templo donde está el Muro de los Lamentos. Con la apariencia de una mujer musulmana, caminé alrededor del Muro de los Lamentos mientras los rabinos judíos estaban orando. Detuve a un joven judío y le pregunté cómo llegar al lado musulmán. Un poco sorprendido de mi presencia me dió instrucciones de ir al punto de chequeo de seguridad del otro lado, al cruzar el puente. Luego entonces caminaría derecho hacia el pasillo de la puerta de la entrada.

Noté un cambio total en la atmósfera cuando pasé de lado judío al lado musulmán del templo. El punto de chequeo de seguridad era una pequeña choza. Los guardias de seguridad eran fríos e impersonales. Miraron mi identificación y mi pasaporte turcos y me dejaron entrar. Hasta ese momento, yo no sabía qué pasaría o cómo sería capaz de cumplir mi asignación. Me movía con gran paz y fé, como un niño, creyendo que todo estaría bien. Inclusive me sorprendía a mí misma con cada paso.

En el momento en que salí de la choza hacia el lado musulmán, dos hombres armados se dirigieron hacia mí. Su apariencia parecía la de unos islamistas radicales. Vinieron muy cerca de mí y me hablaron con sus caras solo a algunas pulgadas de la mía. "¿Quién eres tú? ¿Porque estás aquí?" ladró uno de ellos. Ellos no sabían turco por lo que hablamos en inglés. Yo les dije que era turca y que quería visitar el Domo de la Roca. "Muéstrame tu identificación" respondió. Una vez más le mostré mi tarjeta de identificación turca documentando mi religión islámica. Me dijeron que viniera con ellos, uno de ellos nos guiaba y el otro iba detrás de mí. Llegamos al lado oeste del domo y a unas escaleras que dirigían hacia arriba. Un líder religioso islámico llamó a un Imam y dos soldados islámicos se pararon en la puerta encima de las escaleras.

La noche anterior en el Hotel traté fuertemente de aprender las oraciones árabes de los pilares islámicos. Entendiendo que era una tarea imposible, lo abandoné y me rendí enteramente a Dios. "Señor, que estoy tratando de hacer. Tú me enviaste aquí. Tu vendrás conmigo y todo estará bien". "Yo no sé cómo. Sin embargo tú si lo sabes".

Yo recordaba dos oraciones cortas islámicas desde mi niñez, que nos hacían memorizar en la escuela primaria. El Imam me pidió que recitara la oración "Fatiha" la cual resultó ser una de las dos que yo había memoriza- do. Luego el recitó otra de las oraciones hasta la mitad y me pidió que la completara. Esa era la segunda oración que yo recordaba.

Durante todo el tiempo que esto estaba ocurriendo yo me sentí como que si estuviera en una burbuja de gran paz y confianza como nunca antes había sentido. No podía evitar pensar cómo los Imam usaban sus creden- ciales para hacer juicio. Haciendo a la gente decir oraciones sin tener el entendimiento y haciéndolos hacer declaraciones sin sentirlas, las cuales no tenían ningún significado para ellos. Entonces él dijo: "ella está bien, llévela adentro'.

Una vez dentro del Domo fui guiada por un escolta designado para mostrarme los alrededores. El patrón arquitectónico del Domo tenía la apariencia de un círculo dentro de otro círculo. En el medio de todo había una columna cilíndrica con una apertura desde la cual brillaba una luz verde. Debajo de la columna estaba la roca debajo de la cual se encuentra el lugar santísimo del antiguo templo. Mi escolta me dijo que este es uno de los lugares más sagrados del islam y que yo debía meter mi mano a través de la abertura en el medio de la santa columna del profeta desde donde emanaba la luz Verde.

Sin realmente saber por qué comencé a gritarle al guardia "¿usted me está pidiendo dinero? Yo no tengo dinero para darle. ¿Es usted un guía turístico en el lugar santo? Déjame tranquila para que yo pueda hacer mis oraciones en paz. Váyase". Yo dije todas estas cosas en un estado de desconcierto.

Si ninguna intención, metí mi mano aceitada en mi cartera y agarré algunos shekels (moneda israelí) los cuales yo ni siquiera sabía que tenía. Sin pausa, caminé hasta la abertura, metí mi mano adentro de ella y solté el puñado de shekels adentro. Cuando el guía escolta me vio tirarlos adentro fué como si el guardia hubiese perdido la razón. Frenéticamente me atra- jo hacia él apresuradamente y en un susurro me dijo: "¿qué hizo? Usted no puede tirar dinero allí, ¿está loca? Con esto me apuró hacia el área de oración ubicada en el círculo externo del domo detrás de las columnas. Dado que desde un principio Dios me dijo que me frotara El aceite en las manos, los shekels estaban todos cubiertos y ungidos con el aceite.

A pesar de toda la confusión la gran estrategia de Dios prevaleció y El me usó para urgir y limpiar lo más profundo y el punto más crucial del área del templo dentro del Domo de la Roca. En pánico, el guía que me iba escoltando me llevó al centro de un salón vacío y se fué. Mientras me miraba desde la distancia yo pretendí hacer mis oraciones de los pilares. Sin embargo, comencé a orar y a "proclamar que este lugar le pertenece a Jehová", y entonces lo cubrí y limpié con la sangre de Jesucristo. Ore para prepararlo para su venida. Luego que terminé mis oraciones me senté y miré hacia atrás y mi guía no estaba allí por tanto tomé el aceite de mi brazier y ungí el área. Más tarde supe que iba en contra de las reglas per- mitir a los invitados que se quedaran solos sin escolta dentro del Monte del Templo.

Había entrado al domo a través de la puerta oeste, pero para llevar a cabo la asignación de la entrada del tabernáculo necesitaba encontrar la puerta este. Solo podría llegar allí yendo afuera y alrededor del edificio. Bajé las escaleras a una gran área vacía del templo de la montaña y comencé a caminar alrededor del círculo.

En principio no había nadie a la vista. Luego desde la distancia uno de los guardias de seguridad me divisó. Vino corriendo hacia mí gritando "deténgase" una vez más se acercó tanto a mi cara que podía sentir lo tibio de su pesado aliento. Comenzó a preguntarme diciendo: "¿qué hace usted aquí afuera, y adónde cree que va sola?". Dentro de mí sentí una misteriosa calma. Aunque tenía un guardia armado preguntándome, no estaba para nada molesta. De repente el espíritu Santo me recordó dos frases de mi investigación en el lobby del Hotel la noche anterior. Con confianza le dije: "¿por qué me está preguntando esto? ¿Quién es usted para pregun- tarme qué estoy haciendo aquí y adónde voy? ¿Usted no sabe que fué un sultán otomano, nuestro sultán, quien construyó estos mosaicos azules en el domo? Como yo soy turca yo puedo ir y hacer como me plazca aquí. Y nadie se puede atrever a detenerme en este lugar".

El guardia de seguridad no estaba muy seguro de cómo responder a aquello por lo que no pronunció ninguna otra palabra. Solo me miró mientras yo seguí caminando hacia la puerta este. Finalmente llegué a un pasillo que conducía allí. Tan pronto como vi la puerta este a mi derecha cerrada por un muro desde adentro mi primera reacción fue imaginarme al señor Jesús viniendo a encontrar a su novia por aquel pasillo estrecho con árboles alineados de lado y lado.

Fué un momento increíble ver la puerta este desde adentro. Entonces me regresé hacia la puerta interna del domo de la roca y comencé a efectuar la antigua ceremonia del sumo sacerdote. Me humillé a mi misma y me arrepentí, luego caminé por el lugar hasta qué llegué a una especie de mirador. Asumí que era el lugar del antiguo altar porque estaba situado en el medio del camino. Más tarde supe que ese es el lugar donde se encontraba el antiguo altar. Me postre y me humille ante el altar, recordando el perfecto cordero de Dios. Luego proclamé que la santísima y preciosa sangre de Jesucristo era el último sacrificio perfecto por nuestros pecados y que no había más necesidad de que más animales fuesen sacrificados por nuestros pecados. Luego proclamé que su sangre cubre ese lugar y todo el camino hacia la puerta este del domo.

La puerta este también estaba cerrada. Sin embargo, coloqué mi mano en la puerta y por ahí proclamé que algún día el Señor Jesús vendría caminan- do a través de la puerta este del muro y entraría por de la puerta del lugar santísimo. Finalmente, pronuncié una bendición en la puerta. Luego dejé el templo del monte y pasé a través del puesto de seguridad.

Justo fuera de la salida del Monte del Templo, estaba un hombre vendiendo Jugo de granada. Me compré uno para calmar mi sed. Traté de encontrar el lugar de reunión de nuestro grupo de turistas, pero terminé perdiéndome nuevamente en un pasillo lateral. Mientras caminaba de regreso para volver al pasillo correcto, entré en una de las calles antiguas de Jerusalén.

Escuché a alguien gritándome y me volqué para ver al mismo guardia de seguridad del monte del templo. Vino corriendo hacia mí y así como se acercaba mis pies se detuvieron y pensé por un momento: ¿esto es? El- los deben haber visto y entendido todo lo que yo había hecho". Él estaba nervioso y sin aliento. El dijo: "Tengo una pregunta: ¿usted le dió algún dinero al guía allá adentro?" El se estaba refiriendo al guía que me había escoltado adentro del domo y que me vió tirar el puñado de shekels dentro del hueco. "No", le respondí y él me repitió la misma pregunta a lo cual le respondí de la misma manera. Luego le dejé saber que yo le había dicho al guía que no tenía dinero para darle y que me dejara tranquila por lo que no le di ningún dinero. Luego, tan rápido como vino, así se fué.

Inmediatamente después de esa confrontación con el guardia de seguridad, Dios me reveló en una visión que él había regresado y había interrogado a mi guardia escolta. Los detalles de la visión fueron:

"Luego que él me preguntó en el monte del templo, el guardia de seguridad se apuró adentro del domo de la roca y encontró al guardia escolta y le preguntó por qué me había dejado sola en el templo. El dijo que yo había comenzado a gritarle acerca del dinero y le había pedido que me dejara sola para poder orar. Sin embargo no le hizo mención de que yo había tirado las monedas dentro de la columna".

La explicación del guía no satisfizo al guardia de seguridad. Todavía sospechaba y decidió buscarme y preguntarme si el guía me había pedido dinero. Por eso se apresuró a salir del Monte del Templo buscándome. Cuando me alcanzó, y respondí que "No" a su pregunta sobre si me pidieron dinero o no, no liberó a mi guía de su sospecha. Aunque le dije lo contrario, ya él estaba convencido de que mi guía me había pedido dinero.

La forma como Dios escogió para orquestar su perfecto plan trajo confusión a todos ellos en cada paso, de manera que mi asignación pudo ser completada justo de la forma en que El quiso que se hiciera. Por la preciosa sangre de nuestro Señor Jesucristo, Dios me usó para limpiar proféticamente el antiguo paso de la entrada más santa (la puerta este) en la tierra, antes de su regreso.

Luego que él se fué, finalmente encontré mi camino de regreso al grupo del Tour, ahí fue cuando me di cuenta que se me había olvidado quitarme el pañuelo de la cabeza. Gracias a Dios que todo el tiempo que yo estuve caminando por el área estaba cubierta, porque si el guardia de seguridad me hubiera encontrado sin cubrirme la cabeza se habría dado cuenta que algo andaba mal con respecto a mí.

17
SINOPE
ADVERTENCIA AL NORTE

Había pasado algún tiempo desde la asignación en Israel y todo estaba relativamente en calma. Asumí que sería mi última asignación y que todas las líneas ley impías del enemigo, habían sido quebrantadas. Dado que Israel era el último punto que yo había visto en mi visión del triángulo de las líneas ley, habíamos hecho todo lo que Dios nos había mostrado que hiciéramos. Así que me ocupé decorando mi recientemente adquirido apartamento. Luego de algunos meses cuando todas las renovaciones ya estaban hechas, finalmente me instalé en mi trinchera. Entonces una noche tuve un sueño.

En el sueño yo estaba en lo que parecía ser una pequeña villa vacacional costera. No estaba muy desarrollada y tenía una arquitectura un poco rústica. Se sentía como si el verano acabara de terminar y este pequeño pueblo una vez bullicioso, se había reducido a una gran calma solo con los lugareños que habían quedado atrás. Un camino pavimentado se extendía delante de mí, caminé hasta que llegué a un café. Afuera había pocas mesas, con taburetes cortos alrededor de ellas. Noté a un grupo de hombres sentados alrededor de una mesa donde un juego de Backgammon se estaba desar- rollando. Eran de mediana edad y los más mayores usaban sombreros de cazador. Me miraron curiosamente como que si fuese muy aparente que yo no era del área. Para aliviar la tensión dije: "yo no soy extranjera, vivo en los Estados Unidos, pero soy originalmente turca".

Cuando miré a mi alrededor, noté cuán escasa era la pequeña ciudad. "Vine aquí por una asignación, pero no sé dónde estoy o lo que debo hacer". En respuesta, ellos me dijeron que bajando por el camino había un edificio que parecía como un hotel y que allí había una señora que me podía ayu- dar, por lo qué me dispuse a encontrarla. Era una señora un poco corpulen- ta, con cabello corto rubio y parecía amigable. "¿Me puede ayudar? No sé dónde estoy" le pregunté. Ella inmediatamente abrió un mapa y lo colocó frente a mí. Apuntó con su dedo lo que parecía ser el punto más norte de una península. No pude ocultar mi impresión mientras exclamaba: "¿cómo llegué allí?" "Usted llegó manejando su carro por supuesto" me dijo.

"Eso es ridículo le dije, muchas veces he visitado Turquía y nunca he alquilado un carro, y yo no tengo carro aquí".

En realidad esa era la verdad. Siempre había dudado acerca de rentar carros en los viajes durante mis asignaciones, debido al terrible tráfico en muchas de las ciudades metropolitanas que visité. Aún estoy impresionada de cuán lógica yo estaba siendo durante mi sueño. Mientras aún soñaba, le dije "¿cómo voy a regresar? Necesito un Hotel, un lugar para quedarme". Ella respondió: "hay una ciudad aquí en la base de la península como a 45 minutos de distancia. Usted puede conseguir hospedaje allí". Le pregunté si habría alguna más cerca y que había en los alrededores, a lo cual ella respondió "solo campos". Le agradecí y me dispuse a irme, pero recordé que no le había preguntado por el nombre de aquel pueblo. Mientras me preguntaba sobre aquel lugar escuché una voz en mi sueño decir: "Sinope". Y me desperté inmediatamente.

Sin perder tiempo rápidamente busqué en Google el nombre "Sinope". Recordé que era una ciudad en la costa del mar negro, pero no podía recordar exactamente su ubicación. Resultó ser exactamente como lo había visto en mi sueño, una península en el punto más norte de Turquía extendiéndose hacia el mar negro. Tal como la mujer me mostró en mi sueño, había un camino a lo largo de la costa y la pequeña Villa estaba al norte de la península. Tal como me mostró en el mapa, el único lugar de hospedaje en el área era al sur de la península a aproximadamente unos 45 minutos del punto más norte. En el resto de la península hay algunos pueblos pequeños pero en el punto más norte hay un faro. Asumí que Dios me estaba diciendo que nuevamente miraría hacia el norte y haría sonar el Shofar para dar las advertencias.

Una vez que Dios me dió el entendimiento que debía viajar a Sinope, comencé a entrar en su presencia buscándolo para más instrucciones. Dios me dió una visión en la cual me vi a mí misma del tamaño de una pequeña niña comparada con algo inmensamente grande cubierto con una piel de animal parado frente a mí. Debido a su gran tamaño yo le estaba tirando rocas pero en vano. Retrocedí y me enfoqué desde un lugar más alto, y allí fué cuando me di cuenta que estaba parada frente a un gran oso. Dios me reveló que el oso había estado hibernando durante su profundo sueño de invierno pero había llegado el tiempo de despertar.

El oso estaba atado con unas cuerdas gigantes, las cuales estaban ancla- das a lo largo del todo el globo en diferentes lugares. Entre ellos Siria e Irán. Así como el oso comenzó a despertarse y movió sus extremidades, las cuerdas tiraron contra las anclas, creando disturbios entre los países donde se encontraban ancladas. Dios además me reveló que ese oso era el símbolo de Rusia y el lugar donde yo estaba parada tirando las piedras era Sinope.

Dios me mostró que la advertencia debería ser dada desde el punto más norte de Turquía, en el mar negro. Dios dijo: "Más importante, esta es la advertencia de la puerta norte luego de haber completado la puerta sur". La fecha que Dios me dio para el viaje fue Abril 15 del 2014. Para ese tiempo yo no me había dado cuenta que la fecha de mi viaje coincidiría con la aparición de la primera luna de sangre del tetrad.

Primero volé a Estambul para encontrarme con Kartal y de allí a Sinope. Conseguimos un Hotel en el centro de Sinope. Por supuesto tuvimos que rentar un carro porque no había transporte hasta el faro. Llegamos a la oficina para rentar el carro a las 9:00 am del día siguiente buscando rentar un auto con transmisión automática. Solamente tenían vehículos de transmisión manual, pero afortunadamente nos pusieron en contacto con una mujer que a veces rentaba su vehículo privado y estaba dispuesta a hacerlo si nosotros podíamos esperar dos horas más. Después que la oficina de alquiler de vehículos había completado todo el papeleo a nombre de ella, el auto nos fué entregado en el Hotel.

Cuando vi a la mujer caí en cuenta que aquella era la mujer que yo había visto en mi sueño. Mientras le hablaba tuve un sentimiento de Déjà-Vu acerca de todo el escenario. Nos dijo acerca del auto y nos explicó cómo llegar al faro y regresar usando el GPS. Después que se fue, no sentamos en el carro y le comenté a Kartal que la única diferencia con la mujer del sueño era que ella no me había mostrado un mapa. Kartal no estuvo de acuerdo y me dijo "si lo hizo, ella nos mostró el GPS y estableció el destino por nosotros". El estaba en lo correcto.

Después del almuerzo partimos hacia el faro, solo para familiarizarnos con los caminos de manera que no tuviésemos que regresarnos en la oscuridad cuando fuésemos a las 5:00 de la mañana. Las villas en el camino eran verdaderamente pequeñas y pintorescas, tal como las había visto en mi sueño. A la mañana siguiente, como planeado, dejamos el hotel a las 5:00 am.

Aunque nos habíamos familiarizado con los caminos, aún así nos perdimos. En la oscuridad, nada parecía lo mismo. En medio de la misteriosa quietud Kartal y yo escuchamos una melodía sonando suavemente en una estación de radio que había sido dejada sintonizada por la dueña del carro. Le subí el volumen y reconocí la canción inmediatamente. Era el tema de la película "Operación Skyfall" de James Bond que había sido estrenada ese año. Inmediatamente comenzamos a reírnos histéricamente. Por un momento sentimos como si nosotros también estábamos escapando, viajando como agentes secretos en una misión por un camino rural en medio de la noche.

El sentido del humor de Dios nunca deja de sorprenderme. Finalmente, conseguimos el camino hacia el faro. Estacionamos el carro. Tuvimos que saltar una cerca para llegar al acantilado. Luego nos sentamos en las rocas más altas y oramos, declarando las palabras de advertencias de Dios en los capítulos 38 y 39 del libro de Ezequiel, al país y a los líderes que se levantarían desde el norte.

Una vez que terminamos, toqué el Shofar tres veces e inmediatamente el guarda del faro saltó afuera en pánico. "¿Qué rayos están ustedes haciendo aquí?" Gritó. "Solo estamos orando" respondí. "¿Qué clase de Oración es esta? Fuera de aquí!" gritó, demasiado emocional debo decir añadir. Le dije que de todas maneras ya habíamos terminado y nos fuimos.

De regreso a casa le pregunté a Dios por qué tuve que regresar y dar advertencias a la puerta Norte cuando ya previamente habíamos completado las cuatro esquinas de la tierra y las puertas en el Monte Nemrud. Dios me reveló que en ese día en particular, en la montaña, El había abierto unas puertas antiguas y sus vientos de gloria fueron del norte al sur y del este al oeste. Allí fué cuando vi y entendí lo que pasó en la cima de la montaña aquel día. Cuando él nos dijo que nos postráramos con la cara al piso en el altar, mientras comenzábamos a alabar con todas nuestras fuerzas como nunca antes, en ese momento estábamos en un realismo celestial delante de su presencia. Todas las montañas y valles fueron sacudidos con el eco reverberante de nuestras voces.

Esto es lo que Dios me dijo:

Lo que se haga en los cielos también se hará en la Tierra. Esa cima de la montaña era el reino celestial y cuando ustedes se postraron delante de mi trono en aquel altar, cosas sucedieron en el cielo. Te di la mentalidad y la autoridad para bajar y dar las advertencias declarando Ezequiel 38 y 39 en las puertas sur, norte, este y al oeste en la tierra".

"También confirmé mi autoridad dada a ti con la escritura paralela que tú recibiste antes del viaje. También recuerda el sueño que tuviste antes del viaje a Israel, donde estábamos en mi salón del trono y te di mi centro".

18
ARARAT ADVERTENCIA AL ESTE

Luego de Sinope Dios me mostró la puerta este. Mi próximo destino sería el monte Ararát en Agri, Turquía.

Agri - Ararát está localizado en la parte más este de Turquía. Tiene la forma de una garra o península y se extiende hacia Irán aproximadamente a unos 15 minutos de viaje desde el borde iraní.

Mientras iba en el avión de Florida a Turquía, Dios me dijo que iría al monte Ararát el 1 de Junio del 2014.

Recibimos confirmación e hicimos todos los preparativos. Una vez más, mis socios en esta misión serían Kartal y Mezgin (la kurda). Mientras esperábamos antes de la fecha de nuestra partida, recibí noticias que las elecciones municipales locales turcas debían ser repetidas en solo dos ciudades: Yalova y Agri. El partido gobernante en Turquía había rechazado los resultados iniciales. A través del canal de noticias turco, supe que la nueva fecha para las elecciones serían el 1 de junio, el día que debíamos estar allí para nuestra asignación.

Interesantemente, yo estaba familiarizada con uno de los candidatos para la silla en Agri. Dos años antes de las elecciones, Dios me había dado una palabra profética para él.

Dios permitió que nuestros caminos se cruzaran y en una ocasión Dios me dió profecías para él y su pueblo, incluyendo algunas cosas que ocurrieron en un corto plazo.

Inicialmente cuando lo conocí, yo estaba caminando en las calles del centro de Kadıköy en Estambul. Era un domingo después de la iglesia y las calles estaban bastante congestionadas. Fué unos cuantos días antes de mi regreso a Florida. Mientras caminaba, noté a tres jóvenes; uno de ellos, un muy conocido miembro del partido kurdo del parlamento, se encontraba conversando al otro lado de la calle. No a muchos turcos le gustan los ciudadanos kurdos por las muchas peleas entre las organizaciones terroristas en contra de Turquía durante muchos años. Yo también crecí con ese sentimiento de hostilidad hacia ellos.

Miré al joven pero continué caminando hasta que escuché la voz de Dios: "detente, regresa y bendícelo". Me volteé para mirarlo y en ese momento él me miró, por lo que le dije "Dios te bendiga y te guarde" en turco. Entonces escuché a Dios pedirme que fuera y orara por él y por su pueblo. Yo realmente no estaba lista para eso, pero obedecí y lo hice. El estaba poderosamente tocado por la presencia de Dios.

Meses después cuando regresé a Florida estaba en casa mirando las noticias y vi un reporte acerca de los niños y los jóvenes kurdos. En ese momento algo pasó en mi corazón; me encontré a mi misma en el suelo llorando intercediendo con mucho dolor y tristeza por el rechazo que ellos habían padecido. Podía ver que allí no había esperanza ni amor en sus vidas ni amor en sus corazones.

Escuché este mensaje de parte de Dios: "habrá caos y guerra muy pronto y se va a extender más y será peor. Solo el pueblo kurdo en esta área estará con Israel y con América".

Luego de llegar a Agri, rentamos un carro con chofer y viajamos hacia nuestro destino, el cual se encontraba en el punto más este de Turquía. Un aspecto interesante fué que, en lugar de enviar advertencias a las naciones de Irak e Irán, Dios me dió escrituras las cuales se referían a los espíritus antiguos del rey de Persia y al espíritu de Babilonia. Mientras el rey de Persia se refería al antiguo imperio persa (actualmente irán), el espíritu de Babilonia se refería a Babilonia (ahora Irak). Haciendo las proclamaciones en la cima del monte cerca del monte Ararát, Dios nos instruyó que usáramos sus nombres bíblicos. Cuando llegamos a la cima de la montaña nos volteamos al este y profetizamos la palabra de Dios en Ezequiel 38 y 39 para dar advertencias a los reyes de Persia y luego al espíritu de Babilonia antes de sonar el Shofar.

Por revelación de otras escrituras que recibimos de parte de Dios, proclamamos que él vendría del este para construir su templo y que se asentaría en la región. El nos había dado instrucciones para sentar las bases del templo y mientras eso se hacía El debía ser adorado con alabanzas y toques de Shofar.

Kartal comenzó a orar en lenguas dándole gracias al Señor, Y Mizgin cantó alabanzas mientras yo sonaba el Shofar. En momentos vimos una formación de nubes descender sobre la ciudad de Agri. Nuestro chofer también admitió que nunca antes había visto nada igual en muchos otros viajes que había realizado a la cima de la montaña. La formación de nubes cubrió de lluvia solo la ciudad y ningún otro lugar. Mientras nos dirigíamos hacia Agri las nubes de lluvia parecían habernos seguido por todo el camino. Al día siguiente las elecciones fueron completadas exitosamente. Y él se convirtió en el alcalde de la ciudad de Agri.

Nos fuimos de la región y viajamos de regreso a Estambul y yo regresé a los Estados Unidos. Diez días después de haber proclamado las advertencias en el área hubo un desarrollo significativo en Irak. El 11 de Junio de 2014, 49 ciudadanos turcos, trabajadores y miembros del consulado turco con sus familias fueron hechos prisioneros por terroristas.

La noticia llegó a los titulares y captaron la atención mundial hacia el grupo de terroristas. Ellos más tarde se convirtieron en la organización con un nombre familiar con su acrónimo como ISIS. Luego que la asignación de Agri fue completada y las advertencias fueron desatadas, el antiguo enemigo del este comenzó a levantarse.

19

ROMA
ADVERTENCIA AL OESTE

Durante la asignación de Sinope, Kartal y yo nos sentamos en la cima de la colina que divisaba la ciudad. Estábamos mirando abajo a la ciudad mientras orábamos cuando ambos recibimos el mismo mensaje de parte de Dios diciendo que la puerta oeste es la ciudad del Vaticano. Después que regresamos de Sinope, oramos por más orientación y por confirmación de que, efectivamente, ese era el mensaje destinado a nosotros. El señor nos dió confirmación a ambos así como la estrategia para la asignación. Estaríamos entregando el mensaje desde el lado oeste de la plaza San Pedro. Debería ser hecho alrededor de las 5:00 AM cuando todo el mundo está durmiendo. El problema más significativo era que la mayor parte del tiempo la plaza tiene una gran presencia policial. Por tanto hacer sonar el Shofar tres veces podría resultar muy difícil. Podríamos correr el riesgo de ser arrestados por perturbar la paz, como mínimo.

Para aquella asignación, Dios instruyó solo a Kartal y a mí que hiciéramos el viaje. Llegamos al Hotel la noche antes. Nos despertamos temprano la mañana siguiente y oramos. Luego dejamos el Hotel para llegar a la plaza a tiempo. Aunque habíamos estudiado los mapas y habíamos planeado las rutas de nuestro viaje, nos las arreglamos para perdernos entre el sistema de angostas calles de ciudad del Vaticano.

El tiempo estaba pasando rápidamente, poniendo en peligro nuestra hora designada para llegar.

Cuando nos dimos cuenta que las posibilidades de encontrar nuestro camino se hacían cada vez menos probables nos detuvimos para orar. Hay una oración particular que yo usaba en todas nuestras asignaciones, pidiéndole a Dios que enviara a su gente en la ciudad. Esta oración una y otra vez había resultado en nosotros y habíamos recibido ayuda del pueblo de Dios, aún sin ellos saberlo. Inmediatamente después que terminamos la oración, notamos unas escaleras que se dirigían hacia abajo a una puerta en el sótano de un edificio cercano.

Vimos a un anciano caminar hacia allá y entrar por esa puerta solo para emerger unos minutos más tarde con una bolsa. Caminamos hacia él y le preguntamos si nos podría ayudar a encontrar nuestro camino. La bolsa en sus manos contenía pan fresco y resultó que aquella puerta conducía a una panadería. El había venido para comprar pan fresco de la primera producción de la mañana. El era como un ángel que había sido enviado por Dios. Aquel hombre tan gentil nos guió todo el camino hacia la plaza, tomando atajos y callejones, a través de los cuales nosotros nunca hubiéramos podido haber navegado.

Rápidamente llegamos a la plaza, justo a tiempo. La calle principal, en su circunferencia y elegancia, se parecía a los Campos Elíseos de París. Cuando pasamos por los arcos llegamos a una apertura circular que es la plaza San Pedro. De cara al oeste, nos sentamos debajo de uno de los arcos en uno de los bancos de concreto colocados a lo largo de todo el cinturón que rodea la plaza. Había carros de policía parados a los lados y en las esquinas.

Entonces Dios nos mostró una visión de unos canales de agua debajo de la ciudad. Eran muy profundos, oscuros y como unas mazmorras. La energía magnética en ellos era sin duda negativa. Kartal y yo reflexionamos sobre cómo podríamos acceder a aquellos canales y ungirlos con aceite. En ese momento ambos notamos un drenaje en el piso cerca de nosotros, debajo del arco donde nos habíamos sentado Y podíamos escuchar el agua corriendo deprisa a través del canal debajo de nosotros. Derramé una botella de aceite para ungir a través de la rejilla y proclamé que toda la energía negativa sería disipada, y reemplazada con la presencia de Dios.

Después de llevar a cabo nuestra tarea como lo hicimos en otros lugares según el patrón que Dios nos dió, caminamos de regreso a la calle principal que conduce a la Plaza de San Pedro. Era la hora de sonar tres veces el Shofar. Las calles estaban vacías porque eran cerca de las 5:30 de la mañana pero los carros de policía estaban presentes por todos lados. Nos posicionamos como para una rápida huida. Detrás de nosotros había una calle estrecha en la cual podríamos desaparecer rápidamente. Luego, de cara al oeste, soné el Shofar tres veces. Para evitar levantar sospechas, pronto nos lanzamos hacia la calle detrás de nosotros y nos apresuramos al hotel.

Después de haber regresado a casa, asumí que las asignaciones habían terminado. Una vez que habíamos realizado la advertencia de la puerta oeste, todas las cuatro puertas habían sido abiertas y las advertencias habían sido dadas en las cuatro esquinas. Habíamos cumplido el mandato de Dios por su autoridad, o al menos eso creía yo.

De todas maneras le pregunté al Señor si habíamos terminado con nuestras asignaciones. Su respuesta fue "NO". Entonces me mostró que había otras ubicaciones más en conexión con las asignaciones previas. Dijo que el último lugar sería Ankara, la capital y el lugar de gobierno de Turquía. Entonces recordé que Ankara era una marcación ubicada en el medio del triángulo formado por las líneas ley que vi en el mapa en el 2012. Las líneas estaban dibujadas entre Troya, Monte Nemrud e Israel. Desde Ankara se extendía una línea perpendicular hacia Israel, creando un ángulo de 90 grados dentro del triángulo. Esta línea me había sido revelada como una línea ley remarcada. Estaba claro que debíamos visitar Ankara nuevamente, mi lugar de nacimiento. La fecha que Dios me dió para tal asignación fué Noviembre 28 del 2014. El tiempo de partir estaba a solo unos meses por lo que comencé los preparativos inmediatamente.

Aproximadamente una semana antes de la fecha de nuestro viaje, Kartal y yo recibimos noticias de que el papa Francisco estaría visitando Ankara en noviembre 28. Y nosotros estaríamos viajando a Ankara por segunda vez en la misma fecha, Noviembre 28.

Reflexioné sobre mi primer viaje a Ankara en el 2006 cuando oré a la orilla del camino mientras el convoy del Papa Benedicto pasaba frente a mí. Una vez más, estaría Ankara el día de la visita del papa Francisco. Que con excepción del año, resultó ser la misma fecha de la visita del papa Benedicto.

En cuanto a las coincidencias, este nivel de sincronización intrincada y coordinación de eventos era altamente improbable, fuera de un diseño sobrenatural. Me pregunté sin embargo si el Vaticano había planeado esto a propósito porque sus visitas resultaron ser exactamente el mismo día, solo separadas por ocho años, pero no pude encontrar evidencia al respecto. El Papa Francisco había programado visitar al primer ministro de Turquía en su recién construido palacio presidencial en Ankara. El sería el primer invitado en ser recibido allí. Solo dos meses después de nuestra asignación en Roma, el Papa estaría visitando Ankara en el día que nosotros íbamos a estar emitiendo la última advertencia.

Kartal y yo nos conseguimos en Estambul y entonces luego viajamos a Ankara por autobús. El autobús llego Ankara alrededor de las 3:30 de la mañana, algunas horas antes de la llegada del Papa. Nuestro destino estaba en el distrito de Cancaya cerca de la Torre Atakule. No tendríamos que llegar a nuestro destino sinó hasta las 5:00 de la mañana, por lo que decidimos que antes de ir a Cankaya subiríamos a la colina que está frente a Ankara, y nos tomaríamos una sopa mientras esperábamos.

Más tarde Dios me recordó que la torre Atakule hacía donde nos dirigíamos, se parecía muchísimo a la torre Tesla en Rusia.

Seguimos el protocolo que Dios nos dió y dimos las advertencias a Ankara. Leímos Ezequiel 38 y 39 como siempre lo habíamos hecho y luego hicimos sonar el Shofar tres veces.

Pasamos el resto del día mirando las noticias y los reportes de la visita del Papa. Había sido recibido con carruajes tirados por caballos, acompañado de un elaborado convoy. Más tarde ese día, durante una conferencia de prensa con el Papa y el presidente de Turquía, ambos hablaron de "islamofobia", un término que aún no era muy extensamente usado para ese entonces, pero que hizo su debut en ese viaje tan importante.

Militantes de ISIS causaron un gran pánico extendido durante el curso de los tres días siguientes, comenzando con un ataque a las oficinas de la revista Charlie Hebdo en París. El término islamofobia se convirtió en un término conocido mundialmente y el terrorismo asociado con él ya no se limitó exclusivamente al medio oriente. El mundo occidental ya no se sentiría seguro nunca más.

20

ESCOCIA RECUPERANDO PORTALES INVADIDOS

Era Noviembre del 2014 cuando regresé de mi viaje a Ankara. Pasé algún tiempo pensando en las líneas ley, los patrones triangulares y los sitios marcados en el primer mapa. Pensé en cómo puntos específicos en el mapa fueron usados para identificar varias ubicaciones para dar las advertencias en las cuatros esquinas de la tierra. Ahora estaba convencida de que el último punto en el medio había sido completado y yo había terminado mis asignaciones de parte del Señor.

Aquel Diciembre del 2014, mi madre, mi hijo menor y yo programamos una visita a mi hijo mayor en Indiana. Mi hermana y su hija menor también vinieron con nosotros para celebrar las Navidades en familia. Pasamos dos semanas juntos disfrutando de la compañía y de las Navidades. Fué un tiempo muy hermoso y relajante. Luego del día de Año Nuevo cada quien se fué por caminos separados y volví a casa.

Era Enero 28 cuando experimenté uno de los sueños más vívidos e intensos de toda mi vida. Superó por mucho al sueño que yo había tenido acerca de Israel y Sinope, los cuales Dios usó para iniciar aquellas asignaciones.

En este sueño me encontré a mi misma parada en la orilla de un acantilado rocoso que se levantaba sobre el océano. Miré hacia el horizonte y las últimas luces del día que emanaban del atardecer iluminaban todo el cielo. De alguna manera supe que era el Océano Atlántico, pero no tenía idea de dónde estaba. De repente levanté mis brazos y detrás de mí, sentí unas manos colocando alas en mis brazos. No miré hacia atrás y mantuve mi mirada hacia adelante ya que estaba equipada con largas alas de águila con plumas.

Escuché una voz, la voz de Dios, diciéndome que volara hacia el norte. "¿Cómo voy a volar con esto?" pregunté en pánico. Nunca antes había volado, ni sabía cómo, pensé asi para mí misma. "Esto no será sufici- ente para aguantar mi peso" protesté. Dios hizo silencio en respuesta a mis preocupaciones y dudas. Mientras me oponía, tomé conciencia de que había comenzado a batir mis alas y desafiando la lógica, estaba efectivamente volando. En un momento estaba sobre el agua y no había nada más a la vista sino el océano. Las olas batían debajo de mí mientras yo me elevaba.

Volando por sobre el Océano Atlántico estaba lo suficientemente cerca como para sentir y ver el agua debajo de mí con completa claridad, pero lo suficientemente lejos como para no tocarla. Mientras volaba, me sentí a mi misma inclinándome levemente hacia la derecha por lo que hice otra pregunta: "no tengo un compás ¿cómo voy a saber que efectivamente estoy volando hacia el norte?". De nuevo no hubo respuesta.

Aunque no estaba segura de mi dirección, sentí como que si hubiese llegado al medio del océano Atlántico. Luchando por averiguar por qué me inclinaba hacia la derecha cuando hubiera podido volar en línea recta, finalmente me rendí para superar mis preocupaciones y dudas.

En ese punto, había estado volando ya por bastante tiempo y los cielos comenzaban a oscurecerse. Mientras el día se acercaba a su fin, me preocupé acerca de cuánto más podría volar. Aunque mis benefactores desconocidos no respondieron a mis dudas y temores, los escuché decirme que me dirigía hacia mi destino en el norte, y que desde allí, iría a otros lugares para completar otras asignaciones, Pero este primer destino era primordial.

Ese sentimiento sació mi curiosidad, pero la preocupación no cesó aunque ya me había acostumbrado un poco a volar. "¿Donde voy a dormir? ¿Cuánto tiempo más necesito volar? ¿Y qué si me canso? ¿Qué voy a comer?" Fueron solo ejemplos del bombardeo de preguntas que me surgían,

mientras volaba sobre el vasto océano. Sin embargo no recibí respuestas. Volé por lo que parecía ser un día entero, aunque el sueño haya podido haber durado solo cinco minutos o menos. Experimenté la fatiga y otros sentimientos de lo que habría sentido si hubiese estado volando en lo natural como lo estaba haciendo. Pude ver y sentir la oscuridad y el océano salvaje debajo de mí.

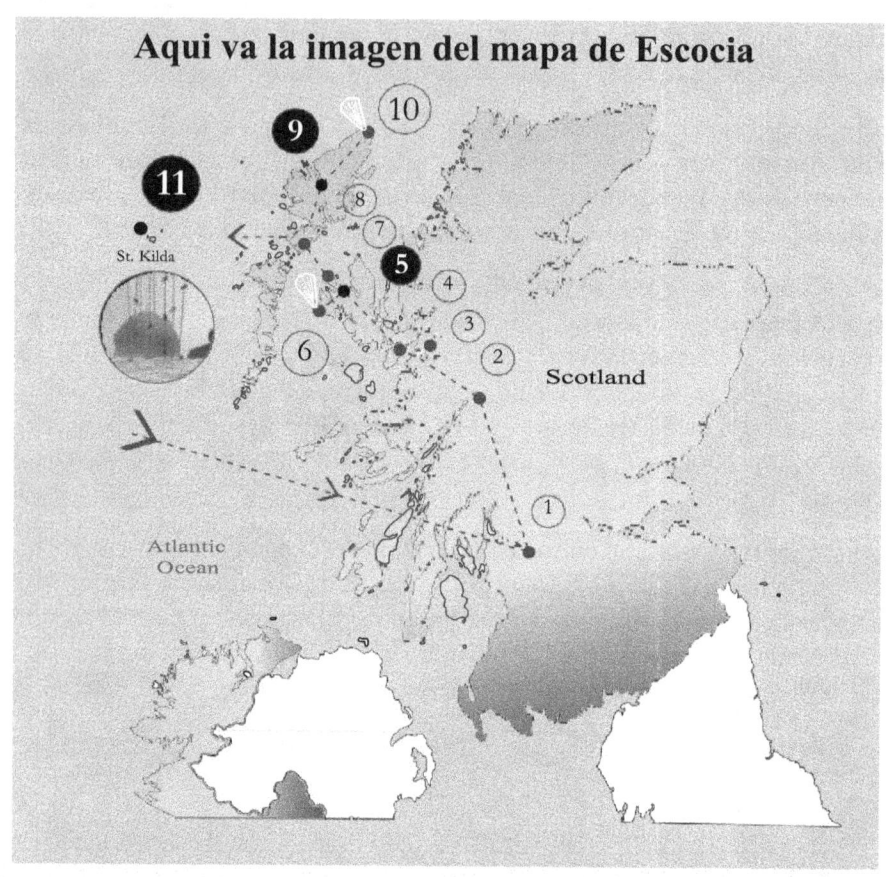

Lewis
7. Uig
8. Harris
9. Callanish (L.P.) Standing Stones
10. Lewis Lighthouse (L.P.)
11. St. Kilda (D.P.)

Skye
5. Lusta (D.P.)
6. Nest (D.P.) Lighthouse

Scotland
1. Glasgow
2. Fort William
3. Mallaig
4. Armadale

D.P. - Dark Portals
L.P. - Light Points

Había oscurecido aún más, pero de repente divise una isla a mi derecha. En principio pude solamente ver su silueta oscura envuelta por la noche. No parecía nada acogedor con sus largas y escarpadas colinas que se al- zaban como agujas desde el terreno montañoso. Las olas se estrellaban contra los rocosos acantilados y no se veía ningún lugar donde yo pudiese aterrizar sin peligro. La voz me instruyó volar alrededor de la isla. Hice como me dijo, solo para divisar una bahía al otro lado. Había una pequeña ensenada y hasta un poco de vegetación en medio de las formaciones rocosas. Mientras volé más cerca vi las ruinas de una estructura que parecía haber sido demolida hacía mucho tiempo. La voz me dijo que era un cementerio de niños. Me pregunté cuál era la importancia de aquel cementerio y por qué me estaban informando de su existencia. Luego me dijeron que dormiría allí aquella noche y volaría a mi próximo destino en la mañana. "¿Cómo voy a comenzar a volar nuevamente la mañana?" pregunte. "Sube hacia la cima de la acantilado más alto y luego vuela" fué la respuesta que recibi.

No tengo memoria de ningún evento que haya ocurrido aquella noche en la isla. Esa parte del sueño del sueño falta por completo en mi memoria. La próxima cosa que recuerdo es que yo estaba parada en el acantilado más alto de la isla, mirando hacia el océano lista para volar. Esta vez no tuve ninguna duda ni ninguna preocupación, por lo que estaba segura que podía volar. Antes de despegar, miré hacia el océano debajo y vi grandes serpientes que parecían dragones nadando en el agua. Entonces escuché: "ellos han estado observándote y te siguieron hasta aquí. Ellos saben lo que vas hacer". La voz continuó diciendo: "pero no temas, no pueden hacerte daño o alcanzarte en este nivel. Ellos sólo observan y te siguen".

Este pensamiento entonces entró en mi mente: "dado que ellos son es- píritus, espíritus malignos, ellos no están confinados al agua por tanto ellos también pueden volar como yo". Sin formular la pregunta me cues- tioné por qué la voz me respondió que ellos no podían. Aproximadamente un año después de haber recibido ese sueño tuve la respuesta a todas mis preguntas.

Confiadamente me lancé al aire y comencé a volar, sin ninguna preocu- pación en mi mente. Muy pronto después de haber despegado tomé con- ciencia de que me estaba despertando de mi sueño. Lo último que recuerdo es haber escuchado: "llama a Ruth". Y con eso me desperté.

Así como una voz me dijo que llamara a Amy después del sueño de las líneas ley ahora había escuchado que llamara a Ruth. En ese momento Ruth y yo íbamos juntas a una iglesia en Miami y estábamos haciendo estudios bíblicos en mi casa, por lo que teníamos una estrecha relación.

Así como me instruyeron, llamé a Ruth y le compartí mi sueño. Ruth tiene un agudo interés en los sueños y sus interpretaciones, por lo que pensé qué tal vez esa era la razón por la cual debía llamarla.

Después de haber escuchado las cosas específicas de mi sueño, Ruth estaba muy entusiasmada y dijo que ella sabía el área exacta de la cual yo estaba hablando.

Inmediatamente después de eso, el 29 de Enero, me mandó un correo electrónico con algunas fotos tomadas desde diferentes islas en la misma locación. También me envió los links de Internet donde yo podía acceder información acerca de las islas en las cercanías. Tan pronto como vi la primera foto, supe con certeza que esa era la isla de mi sueño. Muy lejos en el Océano Atlántico, a cuatro horas de distancia de la costa más cercana en bote, en las islas Hébridas Exteriores o Hébridas Occidentales en Escocia, está una isla algo remota llamada San Kilda. Durante la edad media, muchas familias cristianas cuyo modo de vida venía principal- mente del mar habitaban la isla. En aquel tiempo, las entregas eran hechas por botes llevando otras provisiones a los habitantes. La historia revela que la isla fué golpeada por una terrible plaga bubónica que se propagó por las ratas, matando a muchos pero principalmente a niños. Niños de todas las edades fueron enterrados en el cementerio de la isla.

Tal como lo vi en el sueño, un lado de la isla estaba lleno de altos acantilados y en el otro lado había una bahía cubierta con ruinas. Grandes explanadas de pasto verde llenaba el espacio entre uno y otro. A los habitantes de la isla a menudo se les refería como gente-pájaros porque muchos pájaros vivían en la isla. Muchos de sus habitantes eran eventualmente evacuados debido a las inclemencias de las tormentas del Atlántico las cuales ocurren anualmente. Estando ubicada en la parte más occidental del grupo de islas del archipiélago, San Kilda no tiene ninguna barrera entre ella y el océano. También descubrí a través de mi investigación, que si yo fuera a volar desde Florida hasta San Kilda, tendría que volar hacia el norte, inclinándome ligeramente hacia la derecha. Esto también confirmó la exactitud de mi sueño.

Con toda esta información, comencé a preguntarle a Dios qué quería El que yo hiciera; cuál era mi llamado concerniente a esta isla. Mientras hablaba con Ruth, ella mencionó que estas islas eran el sitio de uno de los avivamientos más conocidos y extendidos en toda la historia. Durante los años 50, casi de la noche a la mañana en la isla Lewis, Dios usó a dos hermanas ancianas para traer salvación a toda la villa. Las Iglesias de las islas no tenían capacidad para recibir al repentino flujo de nuevos creyentes.

Múltiples servicios se hicieron necesarios en la tarde y frecuentemente había gente afuera unidos en oración. Mientras Ruth me explicaba la historia del avivamiento de las islas Hébridas esto resonó en mí como si yo ya hubiese escuchado esa historia anteriormente.

Hacía años, mientras iba a una iglesia en Boca Ratón Florida, el pastor trajo a un invitado especial. El predicador era "A". Y "B" un anciano escocés en sus 90 años, el cual viajó con su asistente dando testimonio del avivamiento en la isla Lewis. Escuchamos sus testimonios y entonces el oró sobre nosotros, pero yo había olvidado completamente todo al respecto.

Cuando recordé aquel encuentro, llamé por teléfono al pastor de aquella iglesia y le dije acerca de mi sueño. El inmediatamente me puso en contacto con la hija de aquel hombre en Escocia. Desafortunadamente, él había muerto, pero su hija y yo nos mantuvimos en contacto y establecimos una relación amistosa.

Simultáneamente Ruth conocía a un pastor (doctor "A") que había escrito libros acerca del avivamiento de la isla Lewis y era un reconocido experto en este tópico. Cuando Ruth lo llamó y compartió mi sueño, él nos invitó a visitarlo en Kansas City. Ruth y yo nos fuimos el 29 de Julio a Kansas City a visitar a Dr. "A" por algunos días y hablamos acerca de la Isla Lewis y de mi sueño. El pastor y sus intercesores oraron por mi próximo viaje.

La forma en cómo todo se desenvolvió tan sincronizado era indiscutible. Era como si piezas de un rompecabezas estaban siendo armadas correctamente, señalando una nueva asignación. Antes de que yo pensara que mis asignaciones habían sido completadas, Dios reveló sus planes para que fuera en una dirección diferente. Yo estaba ahora por descubrir otras líneas ley esenciales y Sendas Antiguas intrincadamente vinculadas.

La estrategia del viaje vino directamente de Dios un mes antes de la fecha de nuestra partida en agosto. Resultó ser uno de los viajes más convulsionados que yo haya tenido que programar hasta ese momento. Simplemente por las distancias tan grandes entre los puntos de conexión. El plan era que yo volará a Londres donde Kartal me encontraría. Luego volaríamos a Glasgow. Desde Glasgow viajaríamos por tren a la parte más oeste de la costa de Escocia donde pasaríamos la noche. De allí iríamos primero a Isla Sky, luego a la isla Lewis y finalmente a San Kilda en las Hébridas exteriores.

Dirigiéndonos hacia el oeste en el Océano Atlántico teníamos programado visitar aquellas tres islas. Escuché de Dios que aquellas aguas tenían los poderes espirituales de la antigüedad y que nosotros necesitábamos tener conocimiento de aquella información. Mientras era ministrada en la presencia de Dios, El me mostró que San Kilda, la isla en mi sueño, era el portal de las tinieblas más poderoso sobre la tierra. Comenzó a mostrarme los espíritus en el océano tal como los vi en mis sueños. Durante el mes previo a nuestro viaje, asistí con más frecuencia a nuestra iglesia de Miami. En una de sus enseñanzas, el pastor habló sobre los espíritus marinos dentro de los océanos, su importancia durante los últimos tiempos y cuán poderosos serían. Sus enseñanzas confirmaron una visión que había recibido mientras estaba en la presencia de Dios.

La visión reveló los oscuros portales demoníacos en las tres islas exteriores de las Hébridas. Estos portales oscuros son canales que utilizan los espíritus malignos del reino de las tinieblas para entrar en la tierra. De estos portales, también conocidos como puertas, el mal llueve sobre la tierra y extien- den su oscuridad a través del aire y las aguas. Al aprovechar y utilizar la energía magnética potente y poderosa, presente en áreas específicas, son capaces de detener el despertar de los avivamientos del pueblo de Dios. Quien quiera que tome control sobre estos portales y los campos de energía magnética, tendrá y podrá usar ese poder sobre las mentes, los cuerpos y los espíritus de las personas.

Cuando los hijos de Dios se levanten y usen su autoridad dada por Dios y proclamen su palabra de acuerdo a sus instrucciones desde los cielos, entonces estos portales de las tinieblas, las líneas ley y los campos de energía electromagnética serán limpiados y santificados nuevamente. Esto será cuando verdaderos y prolongados avivamientos, entendimiento de la verdadera identidad en YHVH, bendiciones y paz serán establecidos y el reino de Dios se extenderá sobre toda la tierra. Sin embargo, si el enemigo continúa en control de estos portales y de estas líneas ley con acceso a campos electromagnéticos contaminados, la densa oscuridad y la corrupción continuarán descendiendo sobre las personas.

En el pasado, los avivamientos usualmente comenzaban en las iglesias y cuando las personas escuchaban lo que estaba pasando, venían directamente de todas las direcciones. Sin embargo, Dios me mostró que en estos últimos días, mientras se acerca el final, Su Espíritu Santo se extenderá a lo largo de toda la tierra, y Dios mismo traerá avivamiento. Aquellos que encuentren Su Espíritu serán despertados sin necesidad de ser enseñados o de asistir a ninguna iglesia. Tal mover del Espíritu de Dios es solo posible una vez que estos portales demoniacos sean cerrados y todos las líneas ley impías sean reemplazadas con las líneas ley piadosas de Dios. También escuché a Dios decir que la semilla de una Revolución vendría directamente de Escocia. Esto afectará a toda la tierra y el avivamiento tendrá lugar en medio de la revolución.

Unas tres semanas antes de nuestro viaje asistí a unos seminarios dados por una profeta amiga mía, Cerestela, quien vino directamente desde Nash- ville a enseñar en algunas iglesias locales. Unos días antes de su llegada yo había recibido noticias de Kartal que su aplicación por una visa para viajar a Dublín, Irlanda había sido negada de manera que él no podría acompañarme en aquel viaje. Todas nuestras reservaciones de Hotel habían sido confirmadas, incluyendo los arreglos para un viaje de cuatro horas a lo largo de la costa. De repente, todo quedó en el aire y yo comencé a dudar, preguntándome si había hecho algo malo. Oré por dirección y más tarde asistí a las enseñanzas de mi amiga Cerestela. No quería viajar sola, por lo que pensé pedirle a ella que me acompañara en este viaje. Rápidamente me deshice de la idea sabiendo que ella tenía cuatro hijos y dos de los cuales eran bastante pequeños.

De todas maneras habíamos planeado encontrarnos para almorzar. Nuestra conversación en el almuerzo rápidamente se dirigió a la imposibilidad de Kartal de acompañarme en mi viaje. Para mi sorpresa, Cerestela dijo que Dios le había dado confirmación de que ella debía venir conmigo y tenía mucha paz al respecto. "¿Qué vas hacer con tus niños?" le pregunté, cuestionándome si ella habría pensado al respecto. Ella llamó por teléfono su familia y ellos acordaron en hacer arreglos para cuidar de los niños durante su ausencia.

Las cosas parecían estar tornándose rápidamente pero de repente se detuvieron cuando Cerestela se dio cuenta que su pasaporte había expirado. Yo inmediatamente llamé a la agencia de pasaportes de Miami, pero me informaron que tomaría alrededor de dos semanas obtener uno. Definitivamente eso no funcionaría.

En ese momento Dios me dijo que llamara Atlanta y que preguntara si le podían renovar el pasaporte. La oficina de Atlanta respondió que su pasaporte podría ser reemplazado el mismo día. Sin embargo no era posible que Cerestela volara a Atlanta porque necesitaba regresar a Nashville para otra reunión. Antes de que se fuera para Nashville, rápidamente arreglamos que ella me diera un poder de manera que yo pudiera renovar su pasaporte en su ausencia. Cerestela dejó su pasaporte conmigo y yo volé Atlanta por un día. Su pasaporte fué renovado en unas pocas horas. Volé de regreso a Florida y lo envié por correo a Nashville.

Después de esta contingencia, tuve que dedicarme a la ardua tarea de analizar detenidamente los abrumadores detalles de nuestro viaje, para cambiar los vuelos y el alojamiento de Kartal a Cerestela. Tendría que volar de Nashville a Atlanta, luego a Washington y de allí a Londres. Nos reuniríamos en Londres y viajaríamos juntas a Glasgow. Dios organiza todo con resultados perfectamente armoniosos que demuestran que nada es imposible para El.

A una semana de nuestro viaje, un día me quedé dormida en el sofá de mi casa. Desperté repentinamente con el sonido de una voz en mi sueño diciendo: "LUSTA". Salte del sofá. Yo no sabía qué era o que significaba Lusta y para no olvidarlo, lo escribí y lo busque en Google inmediatamente. Descubrí que Lusta es un pequeño pueblo agrícola en la Isla de Skye en Escocia. Mi investigación no pareció revelar nada significativo acerca de Lusta. Pensé quizás que Dios quería que nosotras nos quedáramos allí una noche antes de viajar a la segunda isla. Sin embargo no había ni siquiera un hotel en Lusta, por lo que decidí dejarlo así, pendiente por una mayor clarificación. Resultó ser que Lusta sería la primera parada en nuestro viaje.

Un día antes de nuestro viaje, comencé a sentir un agudo dolor de oído. Tuve gran dificultad para conseguir una cita de último minuto, pero finalmente uno de los doctores en el área accedió a verme. Tan pronto como entré en el consultorio del doctor, observé que parte de la decoración en una de las paredes, eran unas cuerdas oscuras con unas figuras negras de hombres colgando de ellas. Estas figuras parecían como una representación exacta de lo que yo había visto previamente en mi visión de los espíritus demoniacos, descendiendo desde el planeta Venus hacia la tierra sobre el océano, en Junio del 2012.

Luego recordé un anuncio que vi recientemente sobre la ópera en la isla San Kilda. Las imágenes mostraban a personas con trajes negros que bajaban por la ladera de la montaña con cuerdas. Me dí cuenta de que se estaba repitiendo la misma imagen. Por tanto Dios estaba mostrándome algo. En ese momento, Dios me dió una visión del océano Atlántico y de la isla San Kilda como uno de los lugares donde los espíritus malignos descendieron a la tierra el 6 de Junio de 2012.

Eso explicaba y confirmaba la razón de mi visión previa del oscuro portal que ví alrededor de la isla.

Sin embargo, al mismo tiempo, Dios me estaba diciendo que El mostraría su gloria en la isla. Yo no entendía claramente si El planeaba mostrar su gloria al principio de la asignación o al final. Asumí que pasaría después que nosotros regresáramos de limpiar el portal sobre San Kilda. Me emocioné mucho y no podía esperar ver la gloria de Dios manifestarse.

Finalmente era la hora de embarcarnos en nuestro viaje. Cerestela y yo nos encontramos en el aeropuerto de Londres y de allí volamos a Glasgow juntas. Nos registramos en el Hotel por aquella noche ya que nuestro tren no saldría sinó hasta el día siguiente. En el Hotel, Cerestela me dijo acerca de algo muy interesante que pasó cuando venía hacia Londres. Me mostró una hermosa pluma que vio en el piso mientras caminaba para tomar su vuelo en el aeropuerto de Washington DC. Creímos que era la forma de Dios decirnos que estábamos en el camino correcto y que sus ángeles estaban con nosotras.

La mañana siguiente, dejamos nuestras maletas en el lobby del Hotel y caminamos a un café donde comimos algo mientras esperábamos. Después de dejar la cafetería, mientras caminábamos por una vereda angosta hacia el hotel, de la nada vi una pluma caer lentamente al piso delante de mí. Cerestela estaba detrás de mí y también la vio. "¿Es tuya? ¿Se te cayó de tu pasaporte?" le pregunté. Ella abrió su pasaporte y su pluma aún estaba allí. "Esta es la mía" exclamé con un gozo casi infantil. Tenía un color brillante y la coloqué en mi pasaporte.

Cuando dejamos el Hotel para dirigirnos hacia la estación del tren, en la puerta cayó al piso otra pluma frente a nosotras, y la tomé. Era la tercera pluma y la última señal de parte de los Ángeles que estábamos en el camino correcto.

Abordamos el tren y nos acomodamos ya que sería un viaje de unas 12 o 13 horas. Después de habernos ubicado, abrí mi laptop y me puse a revisar mi correspondencia. Recibí un correo electrónico con buenos deseos y garantías de oraciones de uno de mis contactos en Escocia con quien me había comunicado. Ella también me enviaba un anexo de un artículo reciente en el periódico el cual encontró interesante, acerca del pueblo de Lusta. El reporte decía que habían descubierto recientemente un templo antiguo para la diosa griega Anaitis en Lusta. Anaitis es un una diosa asiática asociada con Afrodita, Artemis y Venus, remontando su origen en Persia y con diferentes nombres en diferentes culturas, pero el mismo espíritu. Se dice que ella está en control de los océanos, los lagos, los ríos y los mares. Entendí el significado del Lusta (placer, lujuria) Y Dios me mostró quéhacer.

Compartí la revelación con Cerestela y le dije que Lusta era el lugar más oscuro de la isla de Skye. Deberíamos ir allí primero.

Cuando nos bajamos del tren, tuvimos que rentar un carro. Siendo esto Escocia, tuve que manejar de lado izquierdo del camino. Fué toda una hazaña recorrer aquellos estrechos caminos rocosos de la isla. Sin embargo, era la única manera de trasladarnos. De alguna manera, llegamos a Lusta. Era una pequeña villa. No había ninguna dirección visible hacia la ubicación de las ruinas del templo, ni pudimos conseguir nadie que supiera. Finalmente nos encontramos con un grupo de hombres que nos dirigieron a preguntarle a una mujer que se encargaba de estas cosas. Sorpresivamente la encontramos y ella estuvo más que dispuesta para darnos dirección de cómo llegar a las ruinas del templo.

El templo estaba situado en la costa debajo de la ladera de la montaña. La única manera de que pudiéramos llegar allí era bajando por un camino empinado, luego cruzar una corriente que nos llegaba la altura de las rodillas. Manejamos durante la primera parte del camino y luego continuamos el resto pie.

Afortunadamente pudimos llegar a la ensenada que ella mencionó, sin perdernos. Una vez allí vimos las ruinas del templo. La única estructura que continuaba en pie era un altar el cual muy probablemente era usado para sacrificios. La playa al frente del templo era como ninguna otra que yo haya visto jamás. No había arena o piedras. En su lugar, estaba cubierta con pequeñas rocas negras brillantes. Eran tan oscuras como el carbón y perfectamente suaves. Primeramente derramamos aceite en el altar y oramos

para que fuese limpiado, luego hicimos sonar el Shofar al agua, al aire y a la isla para limpiar y cerrar el portal.

Nuestra próxima parada era el faro de Neist Pointe en la punta más norte de la isla. Sonando el Shofar hacia al este y al oeste, al norte y al sur y proclamando la palabra de Dios como se nos instruyó que hiciéramos, la luz de YHVH brillaría atravesando y disipando toda oscuridad. Luego las perfectas líneas ley de Dios con su presencia y su paz vendrían sobre la isla. Pasamos allí la noche, en un Hotel cercano y nos dispusimos a ir a la isla Lewis a la mañana siguiente.

Cerestela y yo llegamos al muelle y tomamos el bote hacia la isla Lewis. Nuestro primer destino era las Piedras de Callanish.

Al igual que Stonehenge, era una estructura construida de rocas erguidas. Dios me mostró que esta ubicación es un portal oscuro en la isla Lewis. Las multitudes se habían reunido y la gente caminaba tomando fotos. Había bastante ajetreo a diferencia de la privacidad que teníamos en el templo de Anaitis en la isla de Skye. Sin dudar ni preocuparnos por quién estaba allí, caminamos hacia las piedras declaramos la palabras de Dios y vertimos aceite tocándolas una por una. Me di cuenta de que la gente nos miraba con curiosidad preguntándose qué estábamos haciendo. Pedimos que se derriben las fortalezas y que se cierre el portal oscuro.

Después de que terminamos, era hora de dirigirnos hacia el faro de Lewis. No se podía llegar al faro manejando, así que tuvimos que conducir un poco y caminar el resto del camino. La torre estaba situada en una península alargada, aproximadamente a una hora de camino desde donde estacionamos el auto. Después de caminar durante unos 30 minutos pudimos ver claramente el faro, así que paramos y oramos. Luego hicimos sonar el shofar hasta las cuatro esquinas e hicimos las mismas proclamaciones que hicimos en el faro de Neist Point en la isla de Skye.

Aquella noche, por invitación de ellos, visitamos el hogar de los ancianos que recordaban el avivamiento en la isla Lewis. Hablaron de personas en las calles con lágrimas en los ojos, aceptando a Cristo en sus corazones y pidiéndole perdón. Dijeron que las luces se mantenían encendidas hasta altas horas de la noche y la gente comiendo juntas celebrando.

Era común ver Fiestas y cenas de celebración en los patios. El esposo nos dijo que Dios había puesto su peso en la isla durante esos tiempos y que se podía sentir fácilmente.

Después de que dejamos su hogar, nos dirigimos al otro lado de la isla, donde habíamos aceptado otra invitación. Esta vez un grupo de jóvenes de Irlanda vino a nuestro encuentro. Resultó ser una noche fantástica de adoración y enseñanzas. No sé si perdimos la noción del tiempo o simplemente fué una mala planificación, pero nos fuimos de allí a las 11:00 de la noche. A esa hora notamos que nuestro viaje de regreso al hotel en el lado sur de la isla tomaría aproximadamente dos horas. Los caminos eran desiguales y con curvas, y los cielos envueltos en completa oscuridad.

No había ciudades ni estaciones ni nada entre la ciudad donde estábamos y la cuidad donde estaba nuestro hotel. Solo podíamos asumir que las figuras oscuras alrededor de nosotros eran montañas y el océano. Nada era visible. Hasta entonces, nunca había hecho un viaje así en mi vida y no tengo ganas de repetirlo. Para romper el silencio desconcertante, Cerestella y yo comenzamos a alabar y adorar a Dios. En poco tiempo, notamos un número significativo de pequeñas luces rojas en la distancia y creímos que eran hadas (luciérnagas). Cuando nos acercamos, descubrimos que las luces resultaban del reflejo de los faros del auto en los ojos de ovejas. Eso resultó ser exactamente lo que necesitábamos para aligerar nuestro estado de ánimo durante ese viaje aterrador.

Bajamos las ventanillas y les hablamos a las ovejas así como se apartaban lentamente de nuestro camino mientras nosotros pasábamos. Finalmente llegamos a nuestro Hotel pero era bastante tarde. Teníamos que levantarnos a las 5:00 de la mañana para abordar el bote el cual estaba anclado en la costa más sur de la isla. Yo había llamado temprano ese día y me habían informado que se esperaba un clima perfecto para nuestro viaje a la isla San Kilda.

Cuando íbamos en camino, repentinamente me dí cuenta que no habíamos parado para poner gasolina desde que dejamos la reunión la noche anterior y estaba peligrosamente bajo. Yo asumí que había una estación de gasolina en el camino, pero no había ni siquiera una sola casa.

Sin embargo nos las arreglamos para llegar a los muelles. Era muy tranquilo el misterioso aspecto tanto del puerto como del pueblo. El pueblo parecía desierto como si hubiese estado olvidado por algún tiempo. Vimos botes esparcidos a lo largo del muelle, como si fuese un cementerio de viejos barcos que ya no estuvieran en uso. Le pregunté a la tripulación del bote dondé había una estación de gasolina para comprar gasolina para el auto. Uno de ellos dijo que había solo una al pasar la esquina, la cual los dueños sólo la abrían cuando llegaban los clientes. Nos ayudaron llamando a los dueños pero tuvimos que apresurarnos porque casi estaban para zarpar.

La estación de gasolina a duras penas se mantenía en pie. Los surtidores parecían algo de la antigüedad, en la época en la que los automóviles apenas comenzaban a ser fabricados. Llenamos el tanque y volvimos al muelle.

Tan solo unos minutos antes de llegar a la costa para subir a bordo, el cielo se oscureció repentinamente y un torrencial aguacero se desató con vientos muy fuertes. Luego una gruesa y densa neblina lo cubrió todo. Todos los 12 pasajeros habíamos llegado y el bote estaba lleno, listo para un viaje de cuatro horas de ida, el cual cruzaría hacia el oeste en el Océano Atlántico desde la isla Lewis. El cambio drástico en el clima me hizo correr hacia el capitán del barco y le pregunté qué debíamos hacer. Respondió diciendo que no había manera de que pudiéramos llegar a San Kilda en esas condiciones. "¿Qué quiere decir? Tenemos que hacerlo" respondí vehementemente. Me miró como si hubiese perdido la razón. Luego me dijo que había hablado con el guardia de seguridad en San Kilda, y él le había dicho que la isla había desaparecido completamente detrás de la gruesa neblina. "No hay nada hacia donde podamos navegar" dijo calmadamente.

Sintiéndome derrotada, regresé al carro, me senté y comencé a llorar, preguntándome que había hecho mal Y donde le había fallado a Dios. Esta era

San Kilda, la isla que yo vi en mis sueños y los oscuros portales debían ser limpiados y estaba determinado que viera la gloria de Dios. Cerestela se mantuvo orando mientras yo lloraba y sollozaba. De repente me pidió que dejara de llorar porque Dios le había dicho algo "¿Que dijo?" le pregunté. "El dijo que ya tú fuiste allí en tus sueños, y que tu ya viajaste en el espíritu. No podemos ir al portal en la carne. Fué la primera parada y fué hecho en el sueño. De allí, tú irás a los otros lugares como lo hemos hecho".

Su explicación la satisfizo a ella, pero mi corazón aún estaba con mucha carga y aún pensaba que me perdería su gloria. Ella continuó diciéndome que los ángeles desde el cielo estaban librando una batalla allí y que la carne como nosotros no podía ir allá en ese momento. Cuando ella dijo eso recordé una escritura que Dios me había dado acerca del Arcángel Miguel, Justo antes del viaje. Asumí que sería el ángel protegiéndonos en nuestro viaje. Sin embargo lo que Dios quiso decir era que el Arcángel Miguel y sus huestes de ángeles serían los que estarían librando la guerra en la isla San Kilda, por aquel portal en la tierra.

Unos 45 minutos más tarde yo finalmente estaba en una condición más estable para manejar. Mientras nos acercábamos a la cima de la montaña alejándonos del muelle, Cerestela me pidió que nos detuviéramos y que le permitiera tomar fotos del clima y de la gruesa neblina detrás de nosotros hacia el océano. Yo me quedé y esperé allí mientras ella tomaba "selfies" con el océano detrás de ella. Después de todo manejamos de regreso al Hotel y permanecimos adentro mientras aquel clima persistía.

Mientras estábamos almorzando en el restaurante del Hotel, Cerestela estaba viendo las fotos cuando de repente exclamo "¡oh Dios mío!" Todo el mundo se volteó a vernos mientras yo tranquilamente le pregunté qué pasaba. Ella me mostró una de las fotos y a través de la neblina pude ver la figura de una inmensa serpiente debajo de la superficie del mar. Encima de la serpiente parecía la silueta de una figura blanca, como el espíritu de una mujer con un largo cabello flotando. Aquello probó que había espíritus marinos en las aguas alrededor del área. Sin embargo yo todavía no estaba convencida de no haber podido ir.

Al día siguiente, antes de nuestra partida Cerestela sugirió que fuéramos de compras. Aunque la idea realmente no me interesó, estuve de acuerdo luego de que ella me aseguró de nuestra obediencia, de que habíamos completado nuestra misión y que debíamos hacer algo agradable. Caminamos hacia la tienda cerca del Hotel y comencé a mirar alrededor en la sección de libros. Dios me hizo escoger uno al azar titulado "isla de vientos" por Karin Altenburg. Abrí el libro y Dios sugirió una página en la mitad del libro que llamó mi atención. El libro estaba escrito acerca de una mujer que se había casado con un sacerdote asignado a San Kilda. La historia era acerca de su vida en la isla y reseñaba en aquella página lo siguiente:

"La isla se acurrucó bajo los signos del mal. Granizó tan grande como huevos de fulmarus cayeron sobre el Calhan y destruyeron la paja del invierno de una ventana en el techo, el agua en los quemadores se convirtió en sangre y oscuridad. Una niña nació con Labio leporino, y murió unos días después, con el rostro distorsionado y retorcido como el del Diablo. Las noches sonaban con extraños y terribles ruidos - aires oscuros que aterrorizaban y dolían. Muchos pensaron que reconocían el inquietante sonido de la apertura de una gran puerta y los gritos del purgatorio. Sus sueños eran de muerte por agua y mareas que se elevaban en grandes olas e inundaciones. Despertaban de sus sueños llorando". (Altenburg 2012).

Ella representó una imagen muy oscura de la isla. Dios me mostró ese libro y me permitió abrir esa página para que mi corazón estuviera en paz por no haber hecho el viaje.

Sin embargo, tengo que admitir que mi corazón todavía lo anhela y algún día iré a San Kilda. Estoy convencida de que volveré para completar algo que aún no se ha logrado y veré la gloria de Dios en la cima de esa isla. No ver Su gloria era la única razón por la que me sentía triste.

Al día siguiente, Cerestella y yo volamos a Londres juntas. Luego, desde allí, me despedí de ella cuando regresó a Nashville mientras mi camino me llevaba a Turquía.

Cuando llegué a Estambul Kartal y su hermana Nefes, iban camino a visitar a sus padres en Adana, la ciudad más al sur en Turquía. Me invitaron a reunirme con ellos allá y dado a que nunca había conocido a sus padres estuve de acuerdo en ir.

Yo estaba algo suspicaz con respecto a la razón subyacente de mi invitación. Después de mis encuentros en el viaje a Escocia y la forma en que Dios me estaba guiando para cumplir sus misiones, decidí investigar el área de Adana en Google.

Cuando abrí el mapa, me sorprendió ver que el nombre de la ciudad más al sur de Adana, donde se encuentra el Faro, se llama "Karatas", que significa "Piedra Negra". De repente recordé las piedras negras en Lusta en la isla Skye en Escocia. Al leer más, descubrí que recientemente unos arqueólogos habían desenterrado un templo de la diosa Artemis en el área. Artemis es otro nombre para Anaitis, nombre del templo que acabábamos de visitar en Lusta.

Mi investigación me llevó a obtener más información acerca del templo, el cual se cree había sido usado por Alejandro el Grande para ofrecer sacrificios a la diosa Artemis en su ruta a la conquista del medio oriente. Se dice que tanto Artemis como Agamenón afirmaron haber sido deidades e hijos de dioses. Sus madres Aérope y Olympia también hicieron tales declaraciones, y que se acostaban con serpientes. Le dije a Kartal y "O" sobre mi descubrimiento y ellos estaban tan curiosos como yo. Oramos por dirección y obtuvimos confirmación para ir.

Me recogieron en el aeropuerto y no perdimos tiempo para viajar a Karatas. Kartal, su hermana Nefes y su esposo Numan, quienes eran parte del grupo de jóvenes que formé hace años, condujeron al lugar donde se descubrió el templo. Alguien en el lugar de trabajo nos dió instrucciones para llegar al templo, pero nos advirtió que no entráramos en la tierra donde se estaban realizando las excavaciones porque el lugar estaba lleno de serpientes. Dijo que ya habían encontrado y matado a cinco serpientes esa misma mañana.

Usando las instrucciones que nos dieron, pasamos un tiempo dando vueltas tratando de encontrarlo hasta que decidí que deberíamos detener el auto, orar y pedirle a Dios que revelara su ubicación. Poco después vimos unas ruinas a lo lejos.

El terreno era muy accidentado y no sabíamos qué había allí. La hermana de Kartal hizo una sugerencia. Ella dijo ¿y si cubrimos cinco piedras con aceite y las arrojamos al campo? Eso seguramente limpiaría la tierra, ¿no es así? Estuve de acuerdo con ella y eso fué lo que hicimos. Cada uno de nosotros arrojó una piedra y luego yo arrojé una segunda, convirtiéndola en la quinta y última.

Después de arrojar la última piedra, Numan me tendió la mano y me preguntó: ¿estás lista? Mire su mano e inmediatamente tuve una escena retrospectiva por un segundo. Me recordé de los muchachos en el río Eufrates y en la montaña Nemrud, cómo me tomaron de la mano y me ayudaron durante situaciones difíciles en misiones anteriores para Dios.

Numan y yo caminamos de la mano hacia donde estaban las ruinas, donde declaré la palabra de Dios y vertimos el aceite para limpiar el área y cerrar el portal de las tinieblas. De regreso, vi muchos agujeros en el camino, sin duda, los nidos de serpientes que el trabajador había mencionado, pero yo estaba totalmente adormecida y sin miedo.

Después de dejar las ruinas, fuimos al faro e hice sonar el shofar en las cuatro direcciones. Cuando lo soné hacia el sur, Dios me mostró una línea ley que se extendía desde Escocia, pasando por Francia y Grecia hasta

Karatas. La línea cruzaba por el Medio Oriente hacia Siria, luego Israel y finalmente a Arabia Saudita. Todas las líneas estaban conectadas.

Después de esos eventos, pasamos dos días en Adana antes de regresar a Estambul. Mientras estaba allí, ví en las noticias que una tormenta de arena había comenzado en Siria, pero también cubrió a Mersin y Adana, donde se encuentra Karatas.

Tenía curiosidad por ver qué sucedería con las noticias, así que continué mirando. Al día siguiente, la prensa informó que una grúa de construcción fué alcanzada por un rayo y mató a más de 300 personas en La Meca, Arabia Saudita. Después de leer esto, Dios me dijo que mirara la Kaaba, algo en lo que antes no había tenido ningún interés. Descubrí que en la esquina oriental de Kaaba está lo que se llama la santa piedra negra. Los musulmanes creen que esta piedra fué enviada del cielo a la tierra. Una creencia de los científicos es que es de origen meteorito. En cualquier caso, a medida que las personas continúan caminando en círculos alrede- dor de la piedra, crean un inmenso campo de energía magnética. Este cam- po de energía magnética crea un inmenso portal con conexiones de líneas ley desde La Meca hasta el noroeste de Escocia en San Kilda. Los actos proféticos que se llevaron a cabo en Karatas completaron la asignación de la línea ley que estaba conectada a San Kilda.

21

PUERTAS DE SABIDURÍA

Algunos líderes de algunas iglesias en Turquía, vinieron a visitarme a Florida en Enero del 2016. Durante su estadía, pasamos algún tiempo revisando los eventos de mis viajes anteriores y los eventos actuales del Medio Oriente, responsables de propagar el temor sobre toda la región. Una tarde inmediatamente después de haber regresado a casa, me senté a solas en el salón en la presencia de Dios, cuando mencionó el tópico del miedo. Me mostró cómo el diablo usa el miedo en su arsenal, para conspirar contra la gente y convencerlos para que tomen decisiones equivocadas y luego paralizarlos y controlarlos.

La conversación me hizo recordar una sección de un libro que leí en 2005. El título del libro era "Las cartas a las siete iglesias" Escrito por William Barclay. Cuando abrí los ojos y miré la mesa en medio de la sala, estaba literalmente cubierta con libros, la mayoría de los cuales fueron utilizados con anterioridad durante mis conversaciones con los pastores.

El libro sobre las siete iglesias estaba entre los que quedaban en la mesa. Solo había leído un extracto de la página que Dios llamó mi atención.

Dios lo usó para ayudarme a lidiar con el miedo más grande de mi vida al comienzo de mis asignaciones: "el miedo a volar". No hace falta decir que esto ocurrió durante un vuelo hacia el final de mi primer viaje en el 2005, cuando tuve que tomar aproximadamente nueve vuelos durante 10 días para completar la tarea.

La sección en ese libro que Dios me guió a leer era parte de una escritura que decía: "Nunca más saldrá de allí" (Apocalipsis 3:12). Es una promesa de seguridad. Es como si Cristo resucitado hablara a la gente de Filadelfia, que significa amor fraternal, "con mi amor perfecto por ti, puedo librarte de todos tus miedos y temores". Puedo librarte de tus incertidumbres, pue- do darte la seguridad que te mantendrá a salvo en la vida y en la muerte". No era protección contra la muerte lo que ofrecía Cristo resucitado, era la liberación del temor a la muerte. Es seguridad para quienes saben que nada en la vida o la muerte puede separarlos del amor de Dios".

Esa noche, cuando terminé de orar, tomé el mismo libro de la mesa. Anteriormente había leído en el avión un breve extracto sobre la iglesia asiática de Filadelfia (moderno Alasehir) en Turquía. Esta vez, sin embargo, Dios me dijo que leyera todo el capítulo y viera el resto.

El área de Filadelfia era una puerta de entrada a través de la cual las tierras del este estaban conectadas en un importante centro de comunicación. Se encuentra a 28 millas al sureste de Sardis y a 105 millas al este de la ciudad costera de Esmirna. Desde los viajeros hasta los comerciantes que participaban en el comercio, todos pasaban por la puerta de Filadelfia (Barclay, 1982).

La iglesia de Filadelfia recibe una mención especial en el libro de Apocalipsis, donde se describe como una iglesia donde los creyentes realmente se amaban entre sí y hacían las obras de Dios. Por esa razón, se ha profetizado que los creyentes que permanezcan en amor, serán guardados de la hora de la prueba, si perseveran y vencen en sus compromisos con el Señor. Aunque había leído esta escritura antes, Dios usó este capítulo para hablarme a mí personalmente.

Entonces entendí a qué se refería Cristo cuando dijo "HE AQUÍ QUE YO HE PUESTO DELANTE DE TI UNA PUERTA ABIERTA" (Apocalipsis 3:8). Esa era la puerta de la oportunidad. En los viejos tiempos, Filadelfia se creó para funcionar como un puesto misionero para que el helenismo griego se extendiera por toda la región, tanto en tierras cercanas como lejanas. Sin embargo, en la plenitud del tiempo, Dios lo cambió, y esa puerta de oportunidad ya no propaga el evangelio del helenismo a las tierras más lejanas, sino el evangelio de Jesucristo.

Mientras leía el libro en presencia de Dios, Dios comenzó a mostrarme cómo el enemigo pudo cerrar las puertas de las otras seis iglesias. El enemigo logro vencer, distorsionando sus "identidades", al influir en ellos con el helenismo, el poder de la sabiduría del hombre que está alineado con el maligno "Árbol del conocimiento del bien y del mal".

Sólo la iglesia de Filadelfia rechazó el helenismo. Ellos vencieron por la sangre de Jesucristo, por su testimonio y por la cruz. Eligieron la sabiduría divina en lugar de la sabiduría del hombre.

En la visión, vi la antigua puerta frente a la ciudad de Filadelfia cerrada por un tiempo, pero ahora estaba lista para ser reabierta. Una vez que Dios abra este antiguo portal, el espíritu de Filadelfia se levantará de nuevo y la identidad de su pueblo se restablecerá en Cristo. Los Hijos de Dios que han sido apartados, escondidos, transformados, perseverantes y entregados a la voluntad de Dios, encontrarán su identidad en él. El mensaje de Dios para mí fue que al abrir estas puertas antiguas, se liberaría el despertar y el avivamiento de Dios con su sabiduría divina.

Otra cosa que Dios me mostró es que hay "aguas termales subterráneas" alrededor de las ciudades en la zona del mar Egeo. Mi búsqueda reveló que estas aguas minerales se pueden encontrar debajo de las ciudades donde estaban ubicadas las siete iglesias del libro de Apocalipsis.

He aprendido a través de las revelaciones sobre las líneas ley que las aguas subterráneas pueden ser buenas o malas, basadas en las frecuencias y vibraciones de los campos de energía magnética y las fuerzas que los controlan. Reuniendo el mensaje de Dios que recibí como las piezas de un rompecabezas, me vi a mí misma en una de estas fuentes termales camino a la iglesia de Filadelfia para derramar aceite para ungir y liberar su unción en el área. Mi siguiente paso sería ir al sitio de la iglesia y tocar el shofar en las cuatro direcciones. Estos actos proféticos entonces harían que la puerta de Filadelfia se abriera de par en par, permitiendo que los hijos y las hijas de Dios reciban niveles más altos de sabiduría divina y entendimiento de Dios. Creo que una vez que esto se logre, el conocimiento de la revelación de Dios llegará a los cuatro rincones de la tierra para el despertar y el avivamiento de su pueblo.

Permanecí en la presencia de Dios hasta las ocho o las nueve de la noche. Oré para que Dios me diera comprensión y me mostrara sus estrategias para esta nueva tarea. Me dió la fecha del 29 de Mayo para viajar a Filadelfia. También me indicaron que me detuviera en Sardis (Salihli) en los manantiales minerales, camino a Filadelfia (Alasehir).

Dios me mostró que seguiría el mismo patrón de instrucciones que me dió para Escocia. Primero viajaría a Delfos en Grecia, fuente del helenismo y sabiduría de los hombres, y cerraría ese portal oscuro y antiguo. Después, podría ir a la puerta de Filadelfia y luego una tercera visita a Troya. Allí declararía y proclamaría la victoria y la conquista de Dios y una unción de victoria seria liberada.

A la mañana siguiente recibí un mensaje de texto de Arslan, uno de los chicos del grupo de jóvenes en Turquía. Arslan relató con entusiasmo un sueño que tuvo la noche anterior. Explicó que en su sueño él estaba en una misión vital en un lugar donde había una cordillera en el fondo. Aún así, en el sueño, él estaba en un edificio inmenso que parecía un hotel con aguas termales y le dije que debemos meternos en el agua y luego viajar adonde íbamos. Luego dijo que le dije que el nombre de nuestro destino era: Nueva Roma.

Después de que terminó de contarme su sueño, me sorprendí y compartí mis visiones y revelaciones que había recibido la noche anterior. De repente me dí cuenta de que mientras recibía esos mensajes de Dios, porque Turquía está en una zona horaria que está siete horas por adelantado de la hora del este, Arslan estaba profundamente dormido soñando con lo mismo. Le dije que se preparara para viajar el 29 de Mayo, y así lo hizo.

Esa noche asistí a la iglesia en Miami y hablé con el pastor sobre mis revelaciones y el próximo viaje con Arslan a la Puerta de Filadelfia. Además, mientras pasaba tiempo en la presencia de Dios, recibí la confirmación del Señor en una visión de que Arslan viajaría conmigo. Le dije al Pastor que tenía más revelaciones, pero que podríamos discutirlas más tarde. En silencio, asombro y emoción de mi parte, el pastor anunció a la congregación que el tema de esa noche sería sobre el helenismo. El pastor profundizó en las raíces del helenismo en cuanto a las deidades relacionadas con sus mitologías. Mientras él enseñaba, recordé mi viaje al Monte Nemrud donde vi los tronos de esos dioses. Estaban todos allí, Zeus, Apolo, Poseidón, entre muchos otros. Los bustos de las estatuas ahora están esparcidos por la cima de la montaña.

La enseñanza del pastor confirmó la estrategia de Dios de que el punto de acceso del antiguo Espíritu del helenismo debe cerrarse antes de proceder a la puerta de Filadelfia. Hacia el final de la enseñanza, el pastor me llamó y profetizó sobre mí diciendo: tu también irás a Grecia antes de ir a Filadelfia contra el helenismo. Esa fué una gran confirmación de mi asignación, y el propósito y la estrategia del viaje se hicieron más claros. Al día siguiente, le conté al pastor lo que había oído antes de ir a la iglesia y cómo Dios lo usó para confirmar su estrategia.

Los caminos y los tiempos de Dios siempre me asombran. Él es un Dios vivo y asombroso. Con cada una de sus manifestaciones, me pongo a llorar y me enamoro más profundamente de El otra vez, inclinando mi cabeza con gratitud y reverencia delante de su presencia.

A través de continuas oraciones, le pedí a Dios que por su gracia me diera más de su sabiduría divina para entender sus revelaciones. Me recordó el patrón que me dió para todas las asignaciones anteriores, y que siempre me envió primero al lugar donde se originó la fuente de la oscuridad, para que limpiara o cerrara los portales impuros. Su patrón no había cambiado.

El Señor ya me había dicho que mi primera parada sería Delfos, en Grecia, y Kartal iría conmigo. Lo llamé y comenzamos a orar e ir a la presencia de Dios para obtener más instrucciones y estrategias para esta tarea. Nosotros no estábamos familiarizados con la ciudad, así que recurrimos a hacer algunas investigaciones.

A diferencia de la palabra escrita de Dios en el libro de Ezequiel 5:5 que dice: "He puesto a Jerusalén en medio de las naciones y países que la rodean", los antiguos griegos consideraban a Delfos como el ombligo o centro del mundo, La mitología griega cuenta que Zeus envió a dos águilas en direcciones opuestas para viajar por la tierra y medirla, y cuando regresaron se encontraron en Delfos, el centro del mundo".

El término usado por los griegos para describir la ubicación de Delfos es "El ombligo del mundo". Me recordó de la escritura en Eclesiastés 12:6 referente al cordón plateado, el cual conecta nuestros cuerpos físicos con nuestros cuerpos espirituales y si es cortado, morimos. También recordé la revelación que Dios me dió acerca de la falsificación del enemigo de las líneas ley y cordones plateados, los cuales el usa para controlar a los seres humanos. Agradecidamente, experimenté el uso de Dios de esas revelaciones para sanar a tres jóvenes de esquizofrenia.

Si Delfos fué designado por el reino de las tinieblas para ser el ombligo del mundo, es un punto donde muchas líneas ley se interceptan y es la fuente principal y el conducto a través del cual la oscuridad del helenismo, que es la sabiduría de la humanidad, continúa propagando el veneno del enemigo en todo el mundo.

Geográficamente, Delfos se encuentra al norte de Atenas, y allí se construyeron dos grandes templos, uno para Artemis y el otro para Apolo. Esas eran las dos deidades primarias que eran idolatradas bajo el sistema de creencias helenístico. La historia de los tiempos antiguos relata que en las escaleras del templo de Apolo, una vidente y profetiza se bañaba en las aguas termales antes de subir las escaleras. Antes de entrar al templo, se hacían sacrificios en el altar para apaciguar a Apolo. Luego procedía a una abertura en el piso del templo de donde salía una especie de gas desde abajo, que la hacía entrar en trance. Mientras estaba en ese trance, ella profetizaba acerca del futuro como un oráculo de los dioses falsos.

Se cree que la diosa de la naturaleza Gaia pensó que tenía el poder sobre la tierra y gobernaba sobre la región y su gente antes de que comenzaran a adorar a Apolo. A la llegada de Apolo, se dice que el decapitó a la monstruosa serpiente-dragón Pitón puesta por Gaia para custodiar el oráculo secreto de Delfos. Apolo luego reclamó la autoridad sobre el oráculo y confiscó el poder de Gaia.

Está escrito que nuestro Señor y Salvador Jesucristo les ha dado a aquellos que creen en él poder para pisar serpientes y escorpiones bajo sus pies y los nuestros. Entonces, también tenemos su autoridad sobre la antigua pitón para proclamar que está bajo sus pies y que ya ha sido derrotado.

Por lo tanto, deberíamos poder recuperar la tierra, limpiarla y cerrar los portales de la oscuridad.

Nos habían dado la autoridad para viajar primero al oráculo de Delfos, y luego a la puerta de Filadelfia.

El pueblo de Dios recibiría el entendimiento de su identidad para poder resistir los ataques y la influencia del espíritu del helenismo, que son la sabiduría del hombre y el árbol del conocimiento.

El tercer lugar que visitaríamos sería Troya, una antigua ciudad griega en Asia menor. Anteriormente había visto a Troya como el punto más occidental en un mapa de líneas ley con conexiones a otros lugares en el Monte Nemrud e Israel. Debido a su proximidad a Estambul, había descartado a Troya como una entidad separada con la cual tratar, pero simplemente no era el tiempo correcto.

Sin embargo, ahora Dios me llevó a investigar Troya y descubrí que Alejandro Magno visitó el oráculo de Delfos para preguntar por la ubicación de la tumba de Aquiles en Troya. La madre de Aquiles, Thetis, era conocida como la ninfa inmortal. La madre de Alejandro Magno, Olimpia, siempre le decía que era descendiente de Hércules, de Aquiles y que el mismo era un semidiós. Con información del oráculo, Alexander fué a Troya para recibir el manto de Aquiles.

Se cree que recibió su poder y su unción de conquista del manto de Aquiles. Alejandro Magno marchó hacia el sur hacia el mar Mediterráneo hasta la ciudad de Karatas, que traduce directamente Piedras Negras. Allí, en el templo de Artemis (Anaitis), Alejandro hizo una ofrenda de sacrificio para ganar el favor de los dioses. Luego continuó hacia el este, conquistando tantas naciones como pudo alcanzar. La victoria de Alejandro supuestamente fué el resultado de la sabiduría, la habilidad de conquista y la unción que provenían de los mantos y de los poderes espirituales de aquellos dioses falsos.

Dios me dió una revelación del ministerio del apóstol Pablo acerca de Troya. Habiendo viajado por las siete iglesias durante la mayor parte de su vida, Pablo recibió un mensaje de Dios mientras pasaba la noche en Troya. Dios le dijo que había pasado suficiente tiempo en esa región y que era hora de cruzar el mar hacia Europa.

Dios usa este ejemplo de ambos hombres que reciben poder para conquistar desde el mismo lugar, para darme una mejor comprensión de la importancia de la ubicación de los portales. Pablo recibió la unción y la revelación de conquista de parte de Dios en Troya para ir y difundir el evangelio por todo el oeste. Alejandro también recibió su conquista en Troya de parte de los falsos dioses. Así que los portales se usan para transmitir revelaciones, poder y unción del Dios del cielo o son corrompidos y usados por el enemigo para adivinación, muerte y distracción.

A medida que el propósito del viaje y los lugares específicos eran conocidos, comencé a orar para que Dios me diera el itinerario del viaje. Las fechas que recibí fueron del 20 al 22 de Mayo para Delfos, el 29 de Mayo para Filadelfia y, por último, el 3 y el 4 de Junio para Troya. El 29 de Mayo era como una fecha que me resultó familiar hasta que recordé haber tocado el shofar tres veces en la noche en que se celebraba la conquista de Constantinopla. El 29 de Mayo también significaba una gran confirmación del sueño de Arslan de que el lugar se llamaría "La nueva Roma".

El mismo día en que cayó la capital del cristianismo, el imperio otomano capturó las tierras propiedad del imperio bizantino conocido oficialmente como "la nueva Roma".

Entonces, ahora el espíritu de la antigua Nueva Roma surgiría con su fuente de luz proveniente del corazón de la antigua iglesia de Filadelfia. Estas cosas que nunca supe las estaban aprendiendo de Dios. Todo estaba en perfecta alineación y orden con Dios. El es un Dios maravilloso que trabaja y nunca deja de sorprenderme con las maravillas de cada nuevo descubrimiento.

22

DELFOS - SELLANDO LA PUERTA DEL ORÁCULO

Unos días antes de mi viaje, el Pastor me dijo que el Espíritu de Poseidón intentaría usar la intimidación para propagar el miedo en mi corazón. Lo descarté en ese momento y pensé: "¿A qué debería de tenerle miedo?"

Aproximadamente a las 4 de la madrugada del día anterior a mi partida para Atenas, estaba trabajando hasta tarde cuando ví en las noticias que un avión había caído en el mar Mediterráneo. Era el vuelo 804 de Egypt Air en ruta a El Cairo desde París. Mientras miraba el reporte de las noticias, ví un mapa del curso de vuelo. Era casi idéntico a la línea ley por la que pasamos, cuando íbamos de Escocia hasta el Medio Oriente, pasando por París, Italia y luego Grecia. La proximidad de la línea ley al curso de vuelo era espeluznante. El vuelo había desaparecido por completo y no sería encontrado por otras cuatro semanas. Se sentía como si el propio Poseidón me estuviera enviando un mensaje desde el mar Mediterráneo para decir "Estoy aquí". Decidí no permitirle que me controlara con miedo, y volé a Atenas donde me encontré con Kartal.

Alquilamos un coche en Atenas y partimos a Delfos. Las señalizaciones estaban escritas en griego, lo cual lo hacía muy difícil de descifrar para nosotros. Afortunadamente llegamos a Delfos y encontramos el templo de Apolo en la cima de la montaña. Dios me dijo de antemano que no tocara el shofar en el templo de Apolo, sino que lo hiciera en el templo de Artemis. Las carreteras que conducían a las montañas eran estrechas y con curvas. A medida que íbamos subiendo, ví un tornado formándose en el cielo a la izquierda de la montaña.

Aunque yo había visto muchos videos de tornados en el canal de noticias, esta era la primera vez que presenciaba uno en vivo. A medida que el automóvil subía por los caminos de la montaña, el tornado parecía seguirnos. Fué aterrador porque no habríamos tenido hacia dónde escapar en este camino tan estrecho. En poco tiempo llegamos a la cima de la montaña y el tornado ya se había movido más lejos o se había disipado por completo. Estacionamos el coche y caminamos hacia las aguas termales en las que, en la antigüedad, la profetiza se limpiaba antes de entrar en el templo.

Proclamamos la presencia de Dios en esa región y purificamos las aguas del manantial derramando el aceite. Antes de seguir adelante, nos santificamos con las aguas ahora purificadas.

La ubicación del templo atrajo a muchos turistas que podrían haber representado un obstáculo para que realizáramos efectivamente nuestra tarea. Marchamos pasando por la puerta de seguridad. Los cielos comenzaron a volverse grises, y los relámpagos empezaron a brillar. Una mujer estacionada en la entrada nos gritó mientras caminábamos hacia el templo. Sorprendentemente, cuando nos dimos la vuelta, ella le entregó a Kartal un paraguas y dijo: "Se avecinan tormentas eléctricas, puede que lo necesiten". Ambos miramos el paraguas con miradas confundidas, porque era del tamaño adecuado para un niño, y si llovía, ninguno de nosotros cabría debajo de él.

Poco después de eso, a medida que continuamos con nuestro ascenso a la cima de la montaña, se desató una lluvia repentina. Las gotas de lluvia eran inmensas y en un instante toda el área se volvió gris. Solo podíamos ver claramente a una distancia de solo unos centímetros frente a nuestras caras. Las personas que ya estaban en el templo corrían por el sendero para buscar refugio. Algunas personas encontraron refugio en la cabaña de seguridad, otras se apoyaron contra las paredes o se amontonaban debajo de los árboles, pero Kartal y yo marchamos sin inmutarnos ante el aguacero. En todo caso, nos alegramos de tener el templo solo para la ceremonia. Fué debido a la lluvia torrencial que se nos concedió el favor de completar la tarea sin problemas. Podía sentir las miradas de la gente que venían en nuestra dirección, preguntándonos qué estábamos haciendo, mientras sub- íamos por el sendero rocoso con determinación, a pesar de la fuerte lluvia.

De repente, ví una columna verde hecha de piedra esculpida en espiral en forma de serpiente a nuestra derecha. Inmediatamente lo identifiqué como el ídolo de la serpiente pitón que Apolo había decapitado. Kartal y yo corrimos hacia él. Y declaramos que Jesucristo ha conquistado la tierra, el inframundo, y la muerte y la oscuridad y todas las serpientes y escorpiones están bajo Sus pies. Él tiene la victoria y por lo tanto, por Él y a través de Él, Tú estás bajo nuestros pies. Obtuvimos la victoria sobre ti y vinimos con autoridad para tomar el control de esta tierra y del Oráculo. Luego derramé el aceite sobre la columna de serpiente esculpida, lo cubrí con la sangre de Jesús y esparcí sal a su alrededor como un sello. Cuando terminamos, regresamos por el mismo camino hasta que llegamos al templo de Apolo.

El lugar estaba desierto y no quedó ni un solo turista o guardia. La lluvia caía y se sentía como si estuviéramos tomando una ducha. El templo en sí estaba acordonado y la entrada no estaba permitida, pero vimos un camino que llevaba al interior. Dios me mostró que había una línea de ley en frente de la entrada del templo, pero ahora era seguro para nosotros cruzarla, así que Kartal y yo pasamos al otro lado de la línea. Busqué en mi mochila dos vasos de plástico, jugo de uva y pan para la comunión, pero mientras orábamos, el pan se empapó rápidamente y la taza se llenó con agua de la lluvia. Toda nuestra ropa estaba empapada. Las gotas de lluvia caían en cascada por nuestras caras mientras continuábamos haciendo proclamaciones. Recordamos que sacrificaban animales a sus dioses y al Oráculo en la entrada del templo donde estábamos parados, así que honramos el sacrificio de Jesucristo, el precioso cordero y su sangre perfecta.

Proclamamos que todas las grietas y aberturas antiguas al mundo subterráneo en ese lugar estaban cubiertas y selladas por la sangre de Jesucristo. El espíritu del helenismo no podrá salir más para influir en las mentes y el espíritu de los hijos de Dios. Luego procedimos a la comunión con el pan que es el cuerpo de Jesús y el jugo de uva que es su sangre.

Por lo general, bebíamos todo el jugo sin que quedara nada, pero esta vez sin ninguna razón conocida o pensamientos conscientes de nuestra parte, ni Kartal ni yo terminamos nuestro jugo. En un instante, arrojamos simultáneamente el resto del líquido en la entrada del templo frente a nosotros. Tan pronto como el jugo de uva golpeó la entrada del templo, comenzaron a caer grandes trozos de granizo. En aproximadamente un segundo justo delante de nuestros ojos, la rampa de entrada del templo se volvió completamente blanca. Nos quedamos allí y observamos sin pronunciar una palabra, tanto en confusión como en total asombro.

El clima se volvió nuevamente de granizo a lluvia, pero ahora era el momento de leer en voz alta de la Biblia, las escrituras que Dios nos dió. Me preguntaba cómo lograría eso en la lluvia. Luego me vino a la mente el pequeño paraguas y me di cuenta de que no era para nosotros porque era el tamaño perfecto para cubrir la Biblia.

Kartal sostuvo el paraguas sobre la Biblia y declaré las palabras al área, lo cual completaba esa parte de nuestra tarea. Poco después de eso comenzamos a caminar para irnos y cuando nos dirigimos hacia la parte trasera del templo y nos metimos debajo de un árbol para escapar de la lluvia, ésta se detuvo por completo.

Fué entonces cuando la gente comenzó a emerger de los lugares de refugio donde se cobijaron de la lluvia. Estábamos empapados por completo, y asombrados de presenciar otra de las gloriosas manifestaciones de Dios. Todo fué sorprendente; Su tiempo, la forma en que hace las cosas y la perfección de todo. Todo fué puramente increíble, como un sueño.

Descendimos al siguiente nivel de la montaña en Delfos, donde una gran losa de piedra estaba ubicada en medio de una abertura. Esto supuestamente era el ombligo, el centro del mundo. Debido a la lluvia, esta área también estaba vacía, excepto por los vigilantes que vigilaban la zona. Para desviar su atención, caminamos despreocupadamente por el monumento mirando las señales que explican su historia, su importancia y otros detalles minuciosos. Cada vez que miraba hacia atrás sus ojos estaban sobre nosotros. Entonces Dios me dijo que proclamara que el perro guardián del enemigo se dispersara para que no pudiera impedírnoslo.

La próxima vez que lo busqué, después de hacer esa declaración, se había ido. Derramamos el aceite sobre la piedra y proclamamos que todas las líneas ley y cordones de plata antiguos y malvados que venían de ese punto y se extendían desde allí al pueblo de Dios, eran cortados y sellados. El antiguo espíritu del helenismo que lleva su sabiduría, control mental y destrucción no podrá levantarse contra los hijos de Dios.

Después de dejar el área, descendimos más abajo de la montaña hasta el estacionamiento. Saqué mi shofar y nos dirigimos directamente al Templo de Artemis, al que llegamos bajando algunas escaleras y luego cruzamos el estacionamiento donde estacionamos. Afortunadamente, debido a la lluvia, esta área estaba vacía de visitantes, pero había guardias dentro de una especie de choza de seguridad. Los vimos Mirándonos con curiosidad ya que, después del mal tiempo, prácticamente éramos las únicas personas que quedaban caminando. Soplar cornetas o hacer sonidos de cualquier tipo estaba prohibido en esta área, por lo que Kartal y yo caminamos alrededor del templo en dirección opuesta para cubrir los cuatro lados; Norte, sur, este y oeste. Mientras caminábamos, proclamamos la divina sabiduría de Dios y reprendemos el espíritu del helenismo y su sabiduría.

Después de caminar en un círculo completo, nos encontramos donde empezamos. Justo cuando estaba completando la última parte de mi oración, pensaba en como lograría sonar el shofar allí. En ese mismo momento, oímos las campanas de unas iglesias a lo lejos. No se sabía de dónde venían. Los sonidos hicieron eco en toda la región montañosa. Cuando escuché las campanas, sentí que Dios me decía que era hora de moverse. Sin dudarlo, saqué el shofar de la bolsa y, mientras aún sonaban las campanas, lo hice sonar hacia el cielo.

Hasta ese momento, de todos los Viajes donde había soplado el shofar, excepto por mi experiencia en la Montaña Nemrod, nunca había escuchado un sonido tan glorioso salir al aire. Ese sonido envió un gran eco a lo largo de las colinas y valles. Su sonido y vibración eran increíbles. Después de que terminé lo guardé y le dije a Kartal que era hora de irnos. Mientras subíamos los escalones, vimos que los guardias habían salido de la cabaña de seguridad y miraban frenéticamente alrededor. Probablemente estaban tratando de dar sentido a lo que acaban de escuchar. Subimos al carro y oramos. Oramos tanto que por un tiempo no pudimos conducir.

Nuestra misión en Delfos se completó, así que pasamos la noche cerca del área. Luego nos dirigimos a Atenas con planes para visitar también la acrópolis sobre la ciudad. La Acrópolis es bien conocida por sus enormes templos y esculturas de dioses y diosas griegos. El tráfico en Atenas, era horroroso y encontrar nuestro camino fué difícil. Una vez que llegamos a la acrópolis, era difícil no notar la fuerte presencia de seguridad. Los guardias eran definitivamente astutos y a cargo del área, a diferencia de los de Delfos. Estaban armados y más asertivos.

Instrumentos religiosos de cualquier tipo no estaban permitidos en la zona. Cuando llegamos a la cima, vimos a los guardias haciendo controles de seguridad a grupos de cuatro o cinco turistas. No había lugar donde pudiéramos tocar el shofar. Anteriormente habíamos investigado acerca de la línea ley en la región y vimos que pasaba por Delfos, luego Atenas, y luego cruzaba el mar Mediterráneo hacia Oriente Medio. Mientras caminaba hacia el lado izquierdo de la montaña noté un camino que at- ravesaba Atenas. Cuando miramos el mapa, vimos que la carretera llevaba directamente a Delfos. Esta carretera fué construida justo sobre la línea Ley.

Le dije a Kartal que estaba allí, que debíamos proclamar las líneas ley perfectas de Dios, para reemplazar las líneas ley impías. Pensé que podría hacer sonar el shofar allí, así que empezamos a hacer nuestras declaraciones.

Justo cuando comencé a sacar el shofar, una mujer de seguridad corrió hacia mí. "Ni siquiera te imagines que vas a sonar eso aquí". Ella dijo. ¿Por qué? Le pregunté. Este es un instrumento religioso contestó ella, con un ademán físicamente combativo. ¿Puedo simplemente orar entonces? Solo quiero orar Dije. ¿Vas a orar en voz alta? ¿Qué vas a orar? Ella preguntó.

"No voy a orar gritando. Solo oraré" fue mi respuesta. "No voy a tocar el shofar" le supliqué. La guardia dijo: puedes orar tranquilamente, pero este no es un parque donde puedes tocar la trompeta. Comencé a orar mientras ella estaba de pie junto a nosotros vigilando. Dios me hizo pedir perdón por los pecados de ellos y de sus ancestros, por adorar a otros dioses y por su orgullo. Pedí misericordia y gracia por la sequía y la pobreza de su tierra.

¡Oh, en serio! Era lo único que podía decir cuando Kartal y yo nos alejamos. No miré hacia atrás, pero mi corazón estaba apesadumbrado. Sentí que el espíritu santo fué rechazado y no yo. Mientras bajábamos los escalones para irnos, Kartal intentó tranquilizarme. Dios dice que simplemente limpies el polvo y continúes. Lo intentamos, pero Los espíritus no nos lo permitieron, eso es todo lo que podemos hacer. Trató de razonar conmigo, pero le respondí: "Lo sé, por eso nos vamos". Luego bajando las escaleras escuché la voz de Dios muy melodiosa diciendo "hola" y luego nuevamente "hola" en una tercera vez "hola".

Llegamos a un lugar con árboles y algunos bancos. Le dije a Kartal lo que escuché y que sonaba como una vieja melodía familiar, pero no pude ubicarla en ese momento. Mientras nos sentábamos juntos en el banco, Kartal hizo una búsqueda y pudo encontrar la canción. Era la canción de Lionel Richie titulada "HOLA". Cuando Kartal tocó la canción, tocó mi corazón de una manera que las palabras no pueden explicar. Dios me envió esa canción para consolarme y mostrarme su cuidado y amor. No pude evitar sentirme emocional, así que descansamos allí por un tiempo.

De repente, Kartal miró alrededor y me preguntó: "¿Sabes dónde estamos? Miré a mi alrededor desconcertada. Estamos justo debajo de la acrópolis en el parque. Me recordó lo que me dijo la guardia de seguridad. Ella dijo que no podía tocar el shofar allí porque la Acrópolis no era un parque. Pero aquí estábamos en un parque. Como nativa de su nación, sin darse cuenta, me había dado permiso legal para tocar el shofar en el parque. No sabíamos que había un parque en medio del camino. Con esa legalidad, toqué el Shofar en las cuatro direcciones y proclamé la presencia de Dios para establecer sus líneas divinas y rectas en los cuatro rincones de Grecia. Nuestra tarea había sido completada por lo que volvimos a Estambul.

23
FILADELFIA
PUERTA DE LA SABIDURÍA DIVINA

Una vez que llegué a Estambul, me encontré con Arslan y comenzamos a orar por el próximo viaje a Filadelfia. Arslan y yo volamos a la ciudad de Izmir (Esmirna) y el mismo día alquilamos un automóvil y nos dirigimos a Sardis. Cuando hice reservaciones de hotel, no tenía idea de que sería el mismo hotel que Arslan vió en su sueño. Pero tuvimos confirmación cuando lo vimos en persona.

La fuente de los manantiales termales estaba al lado del hotel, así que fuimos a las aguas, vertimos el aceite y lo limpiamos. Entonces nos purificamos en ella. Salimos de Sardis y nos dirigimos a Filadelfia.

Llegamos a Filadelfia el 29 de Mayo, el día del aniversario de la conquista de Constantinopla por el Imperio Otomano, que marcó la caída y la incautación del Imperio Bizantino y el final de la era de la "Nueva Roma". Después de la caída de Constantinopla, la ciudad pasó a llamarse Estambul. Sin embargo, las ciudades a lo largo de la costa Egea todavía permanecieron bajo el dominio romano. El emperador romano en ese momento intentó apaciguar al sultán turco cerrando la última iglesia restante, la iglesia de Filadelfia. La iglesia de Filadelfia había sido muy agradable a Dios porque era la que ofrecía mayor resistencia al movimiento helenístico.

Ahora, 562 años después, en el aniversario de la invasión de Constantinopla por el imperio Otomano, Dios estaba abriendo la puerta asiática de la iglesia de Filadelfia. Los actos proféticos realizados en ese lugar traerían restauración a la "Nueva Roma". Eso fué precisamente lo que Arslan me escuchó decir en su sueño.

El antiguo Espíritu sería revivido y liberado una vez más desde el corazón de la iglesia justa del "Amor Fraternal", la Iglesia de Filadelfia, para despertar la verdadera identidad en los hijos de Dios.

En mi visita anterior recordé que Filadelfia era algo plana, por lo que no estaba segura de si esta vez encontraría la colina que había visto en mi visión, desde donde toqué el shofar. Sin embargo, pudimos encontrar la montaña que domina toda la ciudad, incluída la antigua iglesia de Filadelfia.

Toqué el shofar tres veces y proclamé que la gloria y la paz de Dios serían liberadas. La puerta se abrió. Luego, a los cuatro rincones de la tierra, declaramos que la sabiduría divina de Dios se entregaría a la iglesia de Filadelfia para revivir a los hijos de Dios y restaurar su verdadera identidad.

Un evento memorable de mi viaje anterior a Filadelfia fue mi encuentro con la familia que vive en el sitio de la iglesia y se ocupaba de cuidarla. Ellos viven con sus dos hijos jóvenes. Cuando nos conocimos, su hijo me trajo diversas variedades de uvas de su jardín.

Las personas con las que viajaba no entendieron el significado de que nos hubieran ofrecido un fruto de ese lugar sagrado y, uvas en particular, por lo que se negaron a recibirlas. Sin embargo, después de que les expliqué que aceptar y comer esas uvas era lo mismo que recibirlas de la mano de Dios mismo, entonces ellos las comieron.

La familia parecía bastante perturbada. Y cuando les dije que esperaba volver a verlos, respondieron con un corazón apesadumbrado. Luego explicaron su situación y sugirieron que probablemente no estarían allí por mucho tiempo. La oficina de turismo había estado recibiendo quejas de que el gobierno los estaba apoyando y que cuidaban de una vieja iglesia.

Algunos habitantes de la ciudad también argumentaron que no se debería permitir que la familia viviera allí de forma gratuita. Sin embargo, antes de irme, Dios me dijo que les dijera "ellos no pueden hacer nada, vivirás y prosperarás aquí durante mucho tiempo". Dios te bendecirá y te multiplicará aquí porque cuidas de su Iglesia más querida".

En mi segundo viaje con Arslan, esa familia todavía estaba allí. Sus dos hijos pequeños ya habían crecido y se habían casado. Ahi, habían pasado 11 años. El esposo y su esposa nos dieron la bienvenida, pero esta vez con su primer nieto.

Dios mantuvo esta antigua iglesia proféticamente fructífera como lo prometió. Siempre recordó a sus hijos e hijas, los llenó con su amor y en unidad ellos se pararon en las puertas y resistieron al enemigo en solidaridad por el testimonio de Jesucristo.

24

TROYA
"CONQUISTANDO LA UNCION"

Después de pasar unos días en Estambul, Kartal, Numan y yo nos dirigimos hacia el sitio arqueológico de Troya, donde tuvo lugar la batalla de Troya. Troya se había convertido en parte de la Turquía moderna en la ciudad de Canakkale.

Dios me mostró que hay tres tumulis, que son montículos artificiales sobre grandes tumbas, que necesitábamos visitar. Supuestamente, Aquiles yace en uno de esos túmulos donde Alejandro Magno recibió su manto. No sabíamos cuál, así que decidimos visitar los tres. Los montículos se ubicaban en medio de campos que actualmente se utilizan como tierras de cultivo. Ningún camino conducía a los montículos. Dios me dijo que debía conducir a través de los campos, y así lo hice. Conduje a través de muchos campos en nuestro pequeño auto alquilado, y Él nos llevó a los tres túmulos. Rompimos la línea de ley que pasaba a través de los tres montículos y establecimos una línea de ley limpia y justa de Dios. Reprendimos la falsa unción de victoria, conquista y poder que no eran de Dios. Proclamamos que su unción de victoria y de conquista sería enviada a los Hijos de Dios y al pueblo de Filadelfia.

Mientras avanzábamos hacia los últimos túmulos, experimentamos otra manifestación de Dios. En nuestra ruta, me pasé del camino. Kartal y Numan me dijeron que se suponía que debía girar a la derecha. Lo sabía, pero incluso después de que hablaron, por alguna razón desconocida seguí conduciendo en línea recta. Era como si estuviera siendo dirigida para ir en línea recta. Tan pronto como el automóvil dobló la esquina del camino de la granja, nos encontramos con una larga serpiente negra que se extendía de un extremo al otro de la carretera. Y sin dudarlo, la atropellé con el auto. En ese preciso momento, imaginé la serpiente pitón sobre la que habíamos vertido aceite y arena en Delfos. Esta serpiente viva fué la manifestación física en la tierra, de lo que hicimos en el reino espiritual.

Luego procedimos al lugar de la Guerra de Troya, donde Aquiles obtuvo la victoria. Toqué el shofar en las cuatro direcciones allí también y proclamé la unción y victoria piadosa para los Hijos de Dios en todo el mundo. Con eso, concluimos esa tarea, después de lo cual regresé a los Estados Unidos. Esa fue la última asignación para el 2016.

25

ESTAMBUL 2017
"ARREPENTIMIENTO"

Fué uno de los días más hermosos que había presenciado en Miami mientras sentada con unos amigos en un café, hablábamos de Dios. Uno de mis amigos me preguntó si alguna vez regresaría a Turquía. Le dije que no lo creía porque había terminado de dar todas las advertencias y asignaciones de líneas ley en esa área. Unos días más tarde, mientras conducía, uno de mis colegas en Miami me llamó y me preguntó si me gustaría ir con él a Estambul en viaje de negocios.

Sentí un impulso repentino de irme, y respondí; "¿Por qué no? ¡Seguro!" Llamé y le pedí a mi hijo que preparara un folleto para mis reuniones. Me pidió una fecha y, sin pensarlo, respondí: "Entre el 25 y el 30 de Mayo". Cuando llegué a casa, compré mis boletos de avión y estaba lista para irme. Entonces, de repente, me di cuenta de que había olvidado pedirle permiso a Dios para el viaje.

Desde 2005, esa fué la primera vez que no pedí permiso a Dios. Con cada viaje, recibí instrucciones explícitas para viajar y por propósitos específicos. Esta vez no había instrucciones o propósito, todo se trataba de negocios. Recuerdo haber tenido dentro de mí, una pacífica urgencia de ir durante todo el día de los preparativos. Sin embargo, no mucho después, comencé a tener sentimientos encontrados sobre el viaje.

Dios me habló en el 2004 y me dijo que siempre escuchara la voz de mi corazón. Dijo que cada vez que tengo paz en mi corazón acerca de algo, debo seguir adelante. Por otro lado, si no hay paz, sinó sólo confusión, no debía proceder, sino esperar por Él para que me dé instrucciones y claridad. "¿Qué estoy haciendo?" pensé para mí misma. Para ese momento, estaba preocupada y no tenía paz en lo absoluto.

Después del último golpe de estado en Turquía, no era seguro viajar allí, así que decidí quedarme en sus atrios y esperar hasta escuchar claras instrucciones de parte de Dios. El enemigo estaba ideando formas astut- as de ataques usando en mí contra, instrucciones anteriores que Dios me había dado. Estaba usando las palabras de Dios como un arma para atra- parme en el miedo.

Una noche tuve un sueño en el que estaba en la cima de una torre muy alta. Recuerdo haber mirado hacia abajo pero no podía ver nada. Escuché a Dios susurrar "Ezequiel 33." Le dije: "Señor, ya completamos Ezequiel 33 dando las advertencias 38 y 39". Respondió: "Lee el resto del Capítulo". Empecé a leer y una poderosa ráfaga de viento volteó las páginas delante de mis ojos. Cuando las páginas se asentaron, ví el verso "Te haré atalaya de tus compatriotas". Recordé que la primera vez que El me hizo leer ese capítulo fue justo después de que me dió el capítulo 3 de Ezequiel en 2003.

Esa noche pasé un tiempo tratando de imaginar cómo sería ser un Atalaya. Luego continuó: "Tienes razón, ese capítulo se completó cuando terminaste las advertencias en la tierra. Sin embargo, esta parte aún no se ha completado". Luego me vi sonando mi shofar en la parte superior de la torre y me desperté. Ese fué el mensaje y la confirmación de Dios para el viaje, así que comencé a esperar instrucciones específicas.

De forma totalmente inconsciente, de repente me di cuenta de que una vez más hice planes para viajar a Turquía el 29 de Mayo. Me sorprendió descubrir que no había sido planeado ni lo había reconocido previamente. A juzgar por mis tareas anteriores, evidentemente, esa fecha era muy significativa. Una vez más, era en la fecha del aniversario en que Constantinopla fué invadida por el Imperio Otomano y el final de la era de la Nueva Roma. En Turquía, esa fecha suele celebrarse como un día de victoria, por la conquista exitosa del Imperio Otomano sobre Estambul.

Ese mismo día del año anterior, había estado en la iglesia de Filadelfia con Arslan para abrir la Puerta para los hijos de Dios.

Mientras seguía orando y buscando estrategias de parte de Dios, Él comenzó a mostrarme lo que parecían ser piezas de un rompecabezas y me dió palabras de sabiduría. En una visión, estaba cubriendo mi shofar con una cinta roja que representa la sangre de Jesús. Entonces Dios dijo que el propósito del viaje era arrepentirse por el derramamiento de sangre inocente. Me dio los nombres de tres personas que habían viajado conmigo anteriormente y que tambien estarían conmigo en la habitación del hotel.

De acuerdo con el plan de Dios, primero nos arrepentiríamos y luego usaríamos el shofar como bastón, golpeando el suelo tres veces. Ese acto profético liberaría la vibración y el resplandor del "Shalom (Paz) y la Gloria" de Dios en toda la ciudad, la Nación y en los cuatro rincones de la Tierra.

Cada uno de nosotros representaba uno de los rostros de las cuatro criaturas vivientes en medio del Trono de Dios en el orden de MELCHIZEDEK. Después, cada uno de nosotros declararía y decretaría el "Shalom y Gloria" en todas las cuatro direcciones.

Por último, esparciríamos sal en el estrecho del Bósforo (vía fluvial entre el lado asiático y el lado europeo de Turquía) donde se une con el Mar Negro en el norte y el mar de Mármara hacia el sur, que fluye hasta el Mar Egeo y finalmente en el Mediterráneo.

Con esas instrucciones, obtuve confirmaciones adicionales que cancelaron todas las dudas y confusiones en mi mente. Estaba lista para irme y comprendí que no era solo un viaje de negocios. El negocio era simplemente una cobertura debido a la naturaleza de la tarea.

Cuando llegué al hotel en Estambul, Nefes, la hermana de Kartal mi compañera designada de cuarto, ya me estaba esperando. El 28 de Mayo, Nefes y yo fuimos al lado de la ciudad de Anatolia. Mientras conducía por el puente del Bósforo, que conecta la península europea y la de Anatolia, Dios me dijo que esparciera la sal en el puente inmediatamente después de la medianoche. Nos alojamos en la zona y nos reunimos con amigos de la iglesia en Estambul. Justo antes de la medianoche, Nefes y yo regresamos por el puente hacia el lado europeo. Bajé la ventanilla del coche y eché sal todo el camino.

Después de esparcir la sal a lo largo del puente del Bósforo, condujimos por un costado hasta un lugar donde encontramos unas escaleras que conducían al agua. Aunque viví en Estambul durante más de dos décadas, nunca había visto escaleras que bajaran al agua. Las escaleras estaban cubiertas con una alfombra de color rojizo.

Después de bajar algunas escaleras, nos detuvimos y esparcimos el res- to de la sal y el aceite de ungir en las aguas turbias y contaminadas del Bósforo. Proclamamos limpieza y Shalom, y bendijimos las aguas de los mares, desde el mar Negro hasta el mar Mediterráneo. Después que terminamos en las primeras horas del 29 de Mayo, sentimos que la limpieza fué un éxito, por lo que regresamos al hotel para preparar la oración de la noche.

Esa noche nos reunimos todos en mi habitación del hotel y oramos. Comenzamos por arrepentirnos de todos nuestros pecados y por los pecados de nuestros antepasados.

Nuestro enfoque principal de arrepentimiento fué por toda la sangre inocente derramada en nuestra tierra, y también nos arrepentimos de la sangre inocente que sería derramada pero que aun no lo había sido. Nuestros corazones se entristecieron, y todos estábamos llorando boca abajo en el suelo. Esa era la primera vez que experimentaba ese nivel e intensidad de arrepentimiento sincero en verdadera unidad. Durante el resto de la noche, hicimos todo exactamente como lo había visto en mi visión. Cada uno de nosotros volvió su rostro hacia el norte, el sur, el oeste y el este para adorar a YHVH y en medio de nosotros usamos el shofar como un bastón para golpear la tierra y liberar la vibración de paz y el Shalom de Dios. Más tarde, tocamos el shofar en el techo del hotel para sellar las cosas que habíamos logrado temprano ese día.

Al día siguiente, mientras estábamos sentados en el restaurante que se encuentra ubicado en la azotea, estábamos discutiendo el último golpe de estado que tuvo lugar en Turquía el año anterior. Kartal procedió a mostrarnos fotos del golpe con decapitaciones de soldados. Ni siquiera podía dejar de mirarlos. Le pregunté a Kartal dónde tuvieron lugar esas decapitaciones y él dijo que había sido en el puente del Bósforo. Justo en ese momento, entendí por qué Dios nos pidió que echáramos bolsas de sal a lo largo de todo el puente, y por qué El quería que nos arrepintiéramos en dolor por el derramamiento de sangre inocente. Además, fué significativo que el día en que hicimos todo esto fuera el aniversario de la invasión de la ciudad por parte del Imperio Otomano.

Como esta tarea también tuvo un final exitoso, al día siguiente regresé a Florida. Unos días después, mis amigos me enviaron fotos y noticias emocionantes de varios periódicos turcos y estaciones de televisión donde todos hablaban y compartían sobre el Bósforo. Todos estaban muy emocionados y estaban tratando de averiguar qué le estaba pasando al Bósforo. Tres días después de haber hecho declaraciones para limpiar las aguas, el color azul oscuro del Mar Negro y del Bósforo, habían adquirido un color turquesa brillante.

Los artículos noticiosos informaban que los científicos atribuían el fenómeno a una explosión de plancton en el Mar Negro, haciendo que el color fuera visible desde el espacio. La NASA y las noticias llamaron a este evento como un "Evento impresionante e histórico". Pero no sabían lo que sucedió esa noche y los grandes misterios y obras maravillosas de nuestro Dios milagroso.

Habiendo completado las pequeñas tareas que Dios nos dio, en obediencia y con alegría infantil, Él respondió mostrándonos su bondad con gloriosas manifestaciones en la tierra.

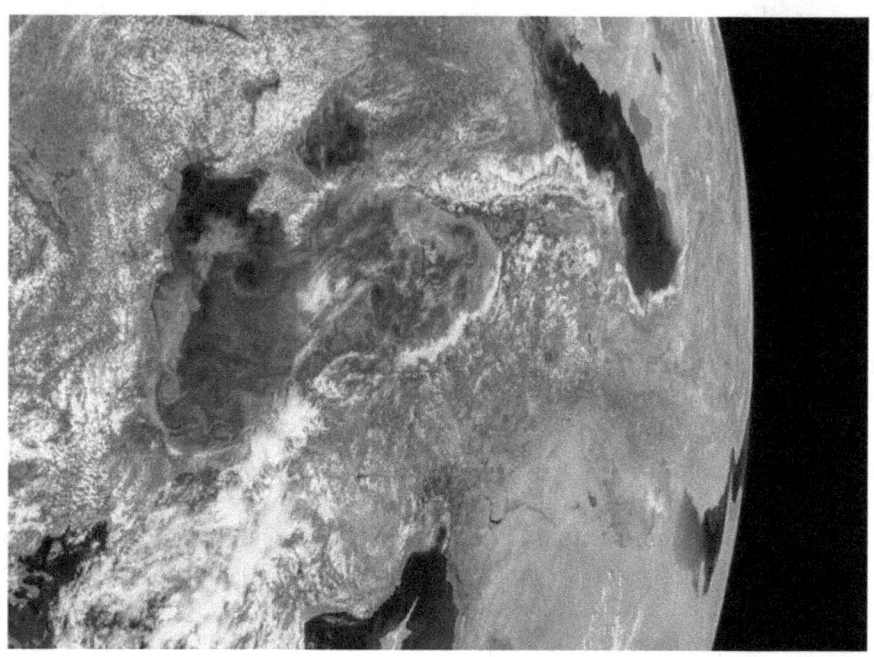

26

SKELLING MICHAEL (ROCA DE SAN MIGUEL), E ISLAS IONA

"LA GLORIA PROMETIDA DE DIOS"

Después del viaje inicial que hice a Escocia en el 2015 con Cerestela; no poder visitar la isla de San Kilda debido a la guerra espiritual que se produjo allí, me dejó con el corazón apesadumbrado. El sentimiento solo podría compararse con una madre que tiene que dejar a su hijo atrás. Poder ver la gloria de Dios en esa isla me fué prometido y profetizado, y por eso esperé pacientemente. Confiaba en que mi camino me llevaría a Escocia una vez más. Durante el viaje, Dios puso una semilla en nuestros corazones acerca de San Columba (Columba de Iona). El tenía una relación extraordinaria con Dios, y se nos mostró que había obtenido autoridad del reino celestial y que usaba esa autoridad en la tierra. Otro punto que nos intrigo fué su falta de religiosidad, que se vislumbraba fuertemente sobre gran parte del catolicismo en esa área.

Durante nuestra visita anterior a las islas Hébridas en Escocia, un día, mientras caminábamos, Dios nos hizo encontrar una Iglesia construida en el nombre de San Columba, donde descansamos y oramos. Después de esa visita, nos sentimos atraídas por la Isla de Iona, donde él solía vivir. Ambas sabíamos que si alguna vez volvíamos a esta región, visitaríamos Iona.

Estos fueron los sentimientos que me quedaron cuando viajábamos de regreso a casa desde Escocia en el 2015. Aunque sabía que volvería, esperaba y oraba para ver el día. No estaba segura de con quién sería, aunque había presentido que sería con Cerestela, ya que fué con ella que comencé el recorrido en la región. Cerestela también sabía que podría ser la voluntad de Dios que completáramos el círculo y completáramos las tareas futuras en esta área juntas. Entonces, esperamos.

El tiempo pasó rápidamente. Era diciembre de 2016, y estaba sola en casa. De repente, sentí una fuerte e inusual necesidad de ir a ver una película en el cine cerca de mí casa. No frecuentaba el cine, ni había ido nunca al cine sola. Sin cuestionar la necesidad urgente, rápidamente me preparé y conduje hasta un cine cercano.

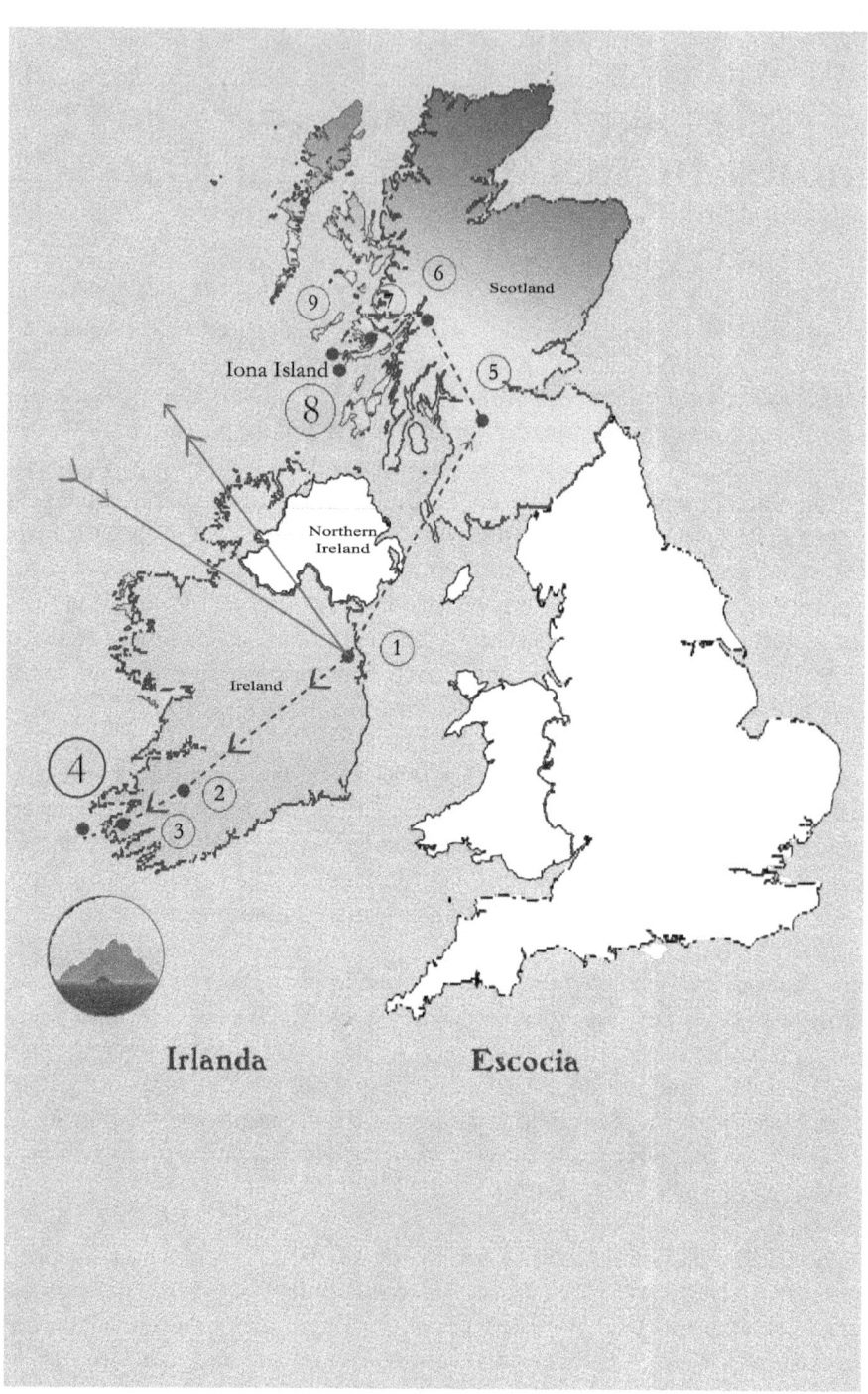

Mientras exploraba la selección de películas que estaban exhibiendo actualmente, nada me parecía interesante, ni siquiera entretenido. Sabía que Dios debía haber tenido una razón para traerme aquí, y no me iba a permitir simplemente volver a casa. Escogí "Guerra de las Galaxias" ("Star Wars"). Esta franquicia nunca me había interesado antes, pero parecía ser el canal más probable que Dios usaría para enviarme un mensaje. Me senté en el teatro casi vacío y la vi. Podía haber otras tres personas en el teatro. A medida que la película se acercaba a su fin, no había notado ni recibido nada hasta la escena final.

La protagonista femenina de la historia, Rey, visitó una isla para encontrar a alguien.

Cuando las cámaras tomaron una vista panorámica de la Isla, me quedé boquiabierta. Era San Kilda. Tenía que ser. Desde la forma de la isla hasta las ruinas en ella, el parecido era asombroso. Rey vino a esta isla para encontrar a alguien venerado como el faro de luz, y ella le entregó un objeto que se parecía a un pergamino. La espiritualidad de la escena era innegable. Tan pronto como los créditos comenzaron a rodar, salí corriendo del teatro y llamé a mi hijo para preguntarle dónde se rodaba la escena final de la película. Respondió rápidamente después de buscarlo y me dijo que era Skellig Michael (Roca de San Miguel) en Irlanda, no San Kilda.

En ese momento recibí un mensaje de Dios; diciéndome que Skellig Michael (Roca de San Miguel) es la isla gemela de San Kilda. Al igual que St. Kilda es el hogar de un portal oscuro, Skellig Michael (Roca de San Miguel) es el hogar de un portal que ha sido bendecido y limpiado por los monjes que una vez lo habitaron. A diferencia de San Kilda, Skellig Michael (Roca de San Miguel) estaba listo. Listo para que lo visite, para ver la gloria de Dios en su cima en lugar de San Kilda.

Esa noche recibí el mensaje de Dios de que esta sería la próxima tarea que debía seguir, donde experimentaría su Gloria como lo prometió antes. Comuniqué mis hallazgos de la película y el mensaje que recibí de Dios a Cerestela. Ella también había encontrado algo de información, decidimos orar por este viaje y lo dejamos así. Una de las cosas que más me preguntaba con respecto a esta asignación era si sería capaz físicamente de subir los más de seiscientos escalones irregulares y rocosos de la isla, que llevan a la cima.

Estos pasos se volvieron resbaladizos por las olas del océano que golpeaban la costa y los altos niveles de precipitación en la región. Desde que me sometí a una cirugía en la rodilla izquierda, me preocupé, aunque innecesariamente, de cómo llegaría exactamente a la cima. Pero sabía que si Dios me quería allí, él me levantaría y me subiría a la cima. A partir de entonces, simplemente esperé la confirmación de esta asignación.

Varios meses después, en Abril del 2017, visité Haití para asistir a una convención de pastores, a la que fuí invitada como oradora. Después de regresar de Haití, Dios me envió nuevamente a Estambul el 29 de Mayo. La tarea se llevó a cabo con su gloria, y luego volví a casa en junio. Todavía no sabía cuándo iba a ocurrir el viaje a Skellig Michael, aunque incluso desde el principio, tuve una buena sensación de julio y agosto. Los mensajes que recibí de Dios apuntaban a julio.

Ponerme en contacto con Cerestela para preguntarle sobre el viaje una vez más, no era algo que quería hacer. Lo dejé a la voluntad de Dios para que me proporcionara el compañero de viaje, a quien Él deseaba que me acompañara en esta tarea. Al día siguiente, Cerestela se acercó a mí y me preguntó si estaba lista y que estaba disponible la semana del 7 de Julio. Desde la perspectiva numerológica, era curioso. Nos embarcaríamos en el viaje el 7 de Julio de 2017. Siete - Siete - Siete.

Debido a las obligaciones familiares, ella sólo podía viajar por una semana. Con esta información, comencé a hacer los arreglos, con la fecha de regreso establecida para el 15 de Julio. Como nuestro tiempo era limitado, comencé con Skellig Michael y comencé a planificar un itinerario. Volaríamos a Dublín, y luego con un coche de alquiler, conduciendo por la costa hasta llegar a la ciudad portuaria más cercana a Skellig Michael. Debido a que no estaba muy cómoda manejando en el lado izquierdo de la carretera, tenía que dividir los tiempos de manejo de varias horas a la vez. Desde la ciudad portuaria, viajaríamos en barco a la isla, que estaba a una hora y media del continente. En ese momento, la mayoría de los barcos de alquiler solo ofrecían recorridos donde el bote solo la rodeaba silenciosa- mente sin detenerse para que los pasajeros se bajaran en la isla.

Más tarde descubrimos que solo se permitía un cierto número de personas en la isla, y para unirnos a este grupo, tuvimos que alquilar un barco privado para que nos llevara. De esta manera, no seríamos interrumpidas en el camino y podríamos poner un pié en la isla. El viaje en bote se llevaría a cabo el 10 de julio, que es otra coincidencia curiosa porque es lo contrario de mi fecha de nacimiento; 7 de Octubre.

Luego noté en la parte superior de la libreta donde hice todas mis anotaciones del viaje, que el primer destino que había apuntado era la Isla Iona. Miré dónde estaba, y si sería posible ir allí también. Debido a que Skellig Michael está en Irlanda e Iona en Escocia, viajar a ambos lugares hubiera sido imposible en una semana. A ambos sólo se podía llegar en barco, y los puertos estaban a horas de distancia de los aeropuertos en coche. A pesar de que mi corazón estaba puesto en Iona, decidí que sería imposible llegar a las dos, así que lo taché. Varios días más tarde, después de que ya había hecho los arreglos de viaje, Cerestela me envió un mensaje de texto de la nada y me preguntó por qué estábamos apurando el viaje y me dijo que deseaba que no nos apresuráramos que fuéramos en paz.

Después de hablar con ella sobre la posibilidad de extender nuestro viaje, pagué las tarifas por cambiar de reservación y prolongué nuestra estadía hasta el 21, lo que me permitió incluir la Isla Iona en nuestro itiner- ario. Después de regresar a Dublín desde Skellig Michael, volaríamos a Glasgow, alquilaríamos otro automóvil, viajaríamos seis horas a la ciudad portuaria al norte of Glasgow a lo largo de la costa y luego alquilaríamos otro bote para llevarnos a Iona. El viaje estaba listo.

Finalmente llegó el día de partir. Nos reunimos en Miami y luego volamos a Dublín juntas. Con nuestro coche de alquiler, llegamos al puerto y, en bote, viajamos a Skellig Michael el 10 de julio. La primera isla que visitamos antes de Skellig Michael era más pequeña, pero tenía enormes acantilados irregulares y sobre estos acantilados había grandes multitudes de pájaros blancos y negros de varios tipos. Solo dimos una vuelta alrededor de la isla y luego nos trasladamos a Skellig Michael. Era glorioso, y extrañamente parecido a St. Kilda. Las rocas a lo largo de la costa eran resbaladizas y afiladas. Incluso bajar del barco e ir a tierra fué todo un desafío. La caminata hasta el punto de control de seguridad en la parte inferior de los acantilados fué una ardua marcha de 15 minutos.

Estaba preocupada. Hacía una semana, había tenido un ataque a mi salud. Problemas intestinales graves al punto de que me cuestione si podría ir en el viaje. Sin embargo, con la gracia de Dios, pude soportarlo. También intenté ir al gimnasio varias veces para hacer algo de cardio en preparación para el viaje con la esperanza de que me ayudara a subir a la cima. Luego del primer intento, me quedé con un dolor insoportable de rodilla, por la cual decidí que era mejor simplemente descansar. No podía completar la escalada, pero allí estaba yo, estaba parada frente a 625 escalones resbala- dizos, sin pasamanos u otros medios de apoyo.

Sabía que Dios me había traído aquí para ver su Gloria, y El sería el que me llevaría hasta arriba. Mi carne no era capaz de lograr esta hazaña sin El. Y fue a través de El, que pude llegar a la cima. Fué muy duro, pero lo hice. Viajamos muy lentamente, descansando de vez en cuando a medida que los pasos se abrían a un claro. En la cima, visitamos las ruinas donde una vez vivieron los monjes. Y luego Dios me dijo que teníamos que ir al borde norte de la cima. Cuando caminamos hacia allá, otros nos siguieron, pero una vez que el guía turístico que estaba con ellos comenzó a contar historias en el otro extremo, todos se fueron. La vista era hermosa, y el cielo era brillante y muy claro. Cerestela y yo notamos que estábamos solas. Comenzamos a adorar a YHVH. Dios me había dicho que trajera mi pequeño shofar conmigo, así que lo hice sonar en las cuatro direcciones.

Tan pronto como termine, noté una línea débil a lo largo del horizonte hacia la izquierda. Era una nube detrás de una de las islas adyacentes. Se estaba moviendo muy rápido, más rápido de lo que nunca he sido testi- go del movimiento de una nube. En poco tiempo, en cuestión de uno o dos minutos, nos había alcanzado. Se detuvo por un momento, como una pared. Dios me dijo que levantara la cabeza y cerrara los ojos. Le dije a Cerestela que hiciera lo mismo. Inmediatamente después de eso, la nube nos cubrió, no hubo visibilidad en absoluto. Después que cerré los ojos, pude sentir la niebla que me golpeaba. Podía sentirla moviéndose a través de mí, pero no era extensa ni densa. Las partículas en la niebla golpeaban mi cara en puntos específicos, como besos o suaves toques contra mi piel. Con cada contacto, podía escuchar diferentes notas cuando tocaba varios puntos en mi cara. Sentí como si mi cara fuera un instrumento musical con el que se tocaba una melodía. Esto no podría haber durado más de cinco minutos, pero fué una experiencia fantástica que parecía durar horas.

Cuando abrí los ojos, la nube se había invertido y comenzó a viajar de regreso hacia la isla adyacente. Y luego se detuvo de nuevo, a su lado, a lo largo del horizonte. En su interior, pudimos ver un delicado velo, y alre- dedor de él había muchos portales en espiral. Toda esta experiencia duró unos diez minutos.

Poco después, los otros viajeros comenzaron a acercarse a la costa norte, y con eso como señal, le dije a Cerestela que era hora de despedirnos. De- bido a la niebla, los pasos se habían vuelto más resbaladizos. El descenso era mucho más peligroso que el ascenso, pero lo logré. Francamente, ni siquiera estoy segura de cómo lo hice, ni recuerdo genuinamente la ex- periencia. Dios me subió allí, y luego él me bajó. Me emocioné mucho después porque mi Dios es un Dios que cumple sus promesas. Esto lo sabía, y después de esperar dos años, me había mostrado su gloria y me había dejado sentirlo. Él sanó mi corazón que estaba roto una vez en San Kilda.

2NDPHASE

3RD PHASE

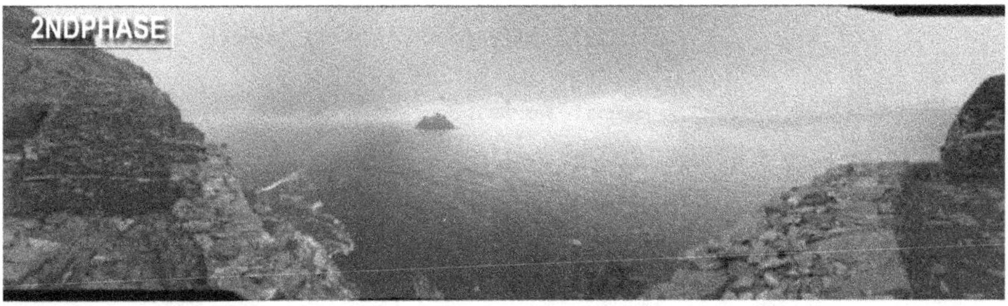

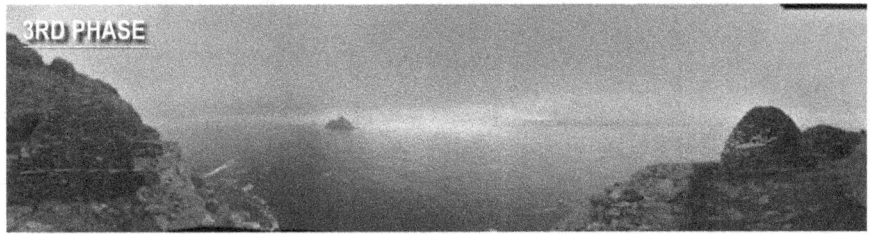

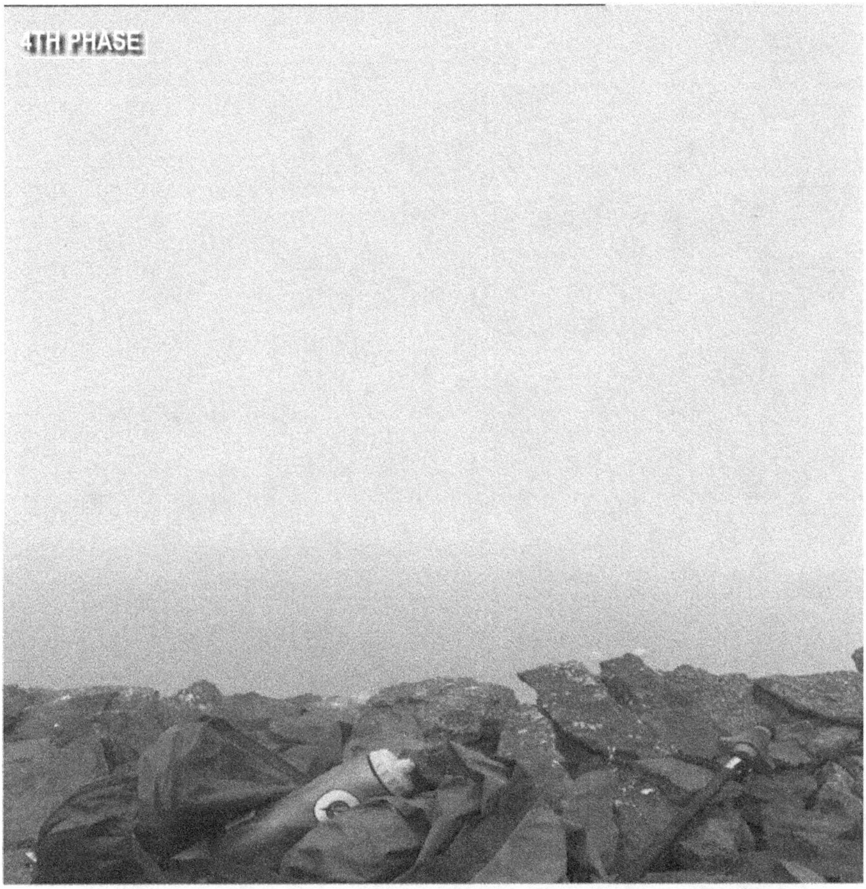
4TH PHASE

5TH PHASE

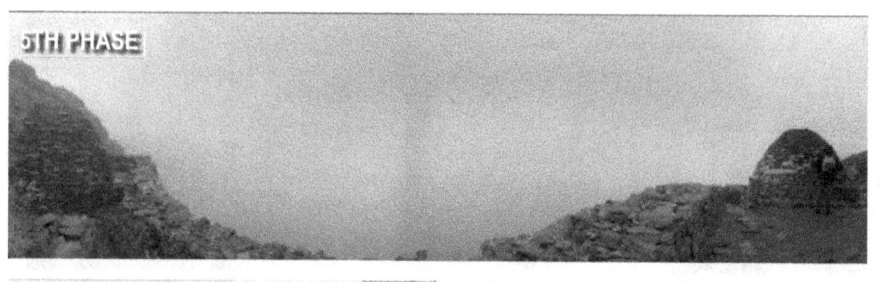

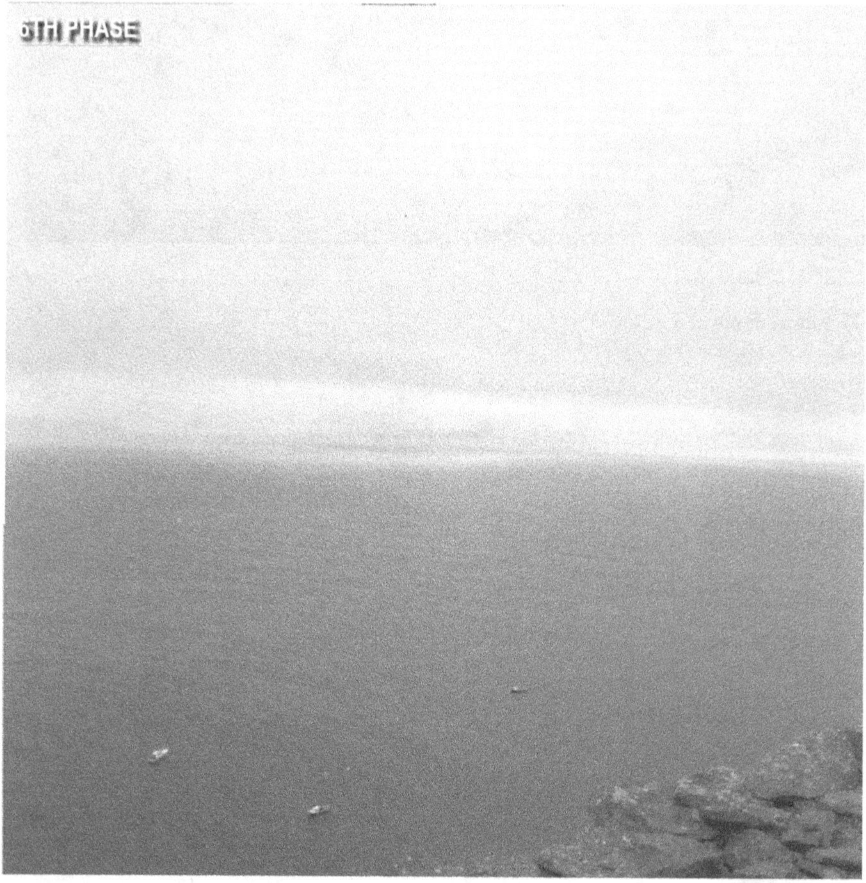
6TH PHASE

7TH PHASE

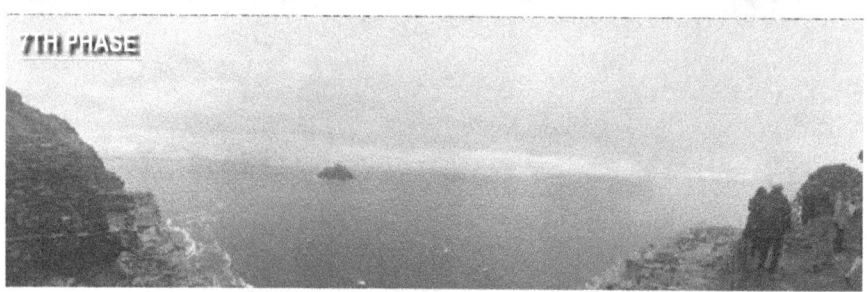

El barco nos llevó de regreso a tierra firme; de allí regresamos a Dublín y luego volamos a Glasgow. Después de alquilar otro auto, nos dirigimos a la ciudad costera donde estaba el barco de alquiler que nos llevaría a Iona. No nos dimos cuenta del significado que tenía Iona. Era la isla más antigua constituída por formaciones rocosas, que se remonta a millones de años. Iona también creó un tridente en las líneas ley. Los arqueólogos que descubrieron la línea ley y la dibujaron comenzaron desde Skellig Michael, mientras que nuestra línea ley comenzaba en San Kilda. Sin embargo, ambas pasaban por Francia, Roma, Grecia, Israel y La Mecca.

En Iona, fuimos a las playas del Norte, Oeste, Este y Sur, con vista al Océano Atlántico, oramos y completamos la tarea. Sin embargo, algo extraordinario sucedió después. Experimentamos otra manifestación de Dios. El espíritu antiguo de Druida en la carne nos fué presentado como dos personas. Dios nos mostró otro lugar y también me dio confirmación de parte de estos druidas. Dios me dijo que no podíamos visitar ese lugar en ese momento.

Todavía no tengo todos los detalles de lo que realmente sucedió durante esa interacción y lo que esta nueva ubicación tiene en la asignación futura. Dios siempre revela las piezas de los rompecabezas a su debido tiempo.

Después de este viaje, la mitad izquierda del gran triángulo de las líneas ley que iba desde San Kilda, a través de Iona, y terminaba en Skellig Michael fué completada. La línea correcta comenzaba en San Kilda y atravesaba Europa, hasta Israel. Cuando viajemos a Gibraltar, España, a los Pilares de Hércules, la Línea de Ley Triangular que Dios me mostró se completará. Después de eso, viajaremos adonde Dios nos lleve en Su tiempo perfecto. Las aventuras con YHVH continuarán.

REFERENCIAS

Biblia RV. (1960).

Altenberg, K. (2012). Isla de las alas. Rearsby: Clipper letra grande.

Barclay, W. (1982). Cartas a las siete iglesias. Filadelfia: Westminster Press.

www.ingramcontent.com/pod-product-compliance
Lightning Source LLC
Chambersburg PA
CBHW071459070426
42452CB00041B/1936